Todo sobre el I.R.P.F.

Impuesto sobre la Renta de las Personas Físicas

ISBN: 978-1-63919-437-7

Equipo Jurídico DVE

TODO SOBRE EL I.R.P.F.

Impuesto sobre la Renta de las Personas Físicas

De Vecchi
DVE Ediciones

ÍNDICE

INTRODUCCIÓN 11

CAPÍTULO I 13
¿QUÉ ES EL IMPUESTO SOBRE LA RENTA? 13
Naturaleza y ámbito de aplicación 13
¿Qué es el hecho imponible y la renta? 14
Rentas exentas 15
Concepto de rendimiento neto 16
Resumen 17

CAPÍTULO II 19
EL SUJETO PASIVO 19
Obligación personal y obligación real 19
¿Qué es la unidad familiar? 21
Supuestos especiales 22
Resumen 23

CAPÍTULO III 25
LA BASE IMPONIBLE 25
Concepto 25

Rendimientos del trabajo 25
Rendimientos del capital 31
Rendimientos de actividades empresariales, profesionales y artísticas 38
Incrementos y disminuciones patrimoniales (IDP) ... 41
Resumen 48

CAPÍTULO IV 49
RÉGIMEN DE DETERMINACIÓN DE LA BASE IMPONIBLE 49
Métodos para la determinación de la base 49
Estimación objetiva (EO) 50
Estimación objetiva por signos, índices o módulos ... 50
Estimación objetiva por coeficientes 51
Renuncia a la estimación objetiva 53
Relación de actividades empresariales a las que se aplica la EO por signos, índices o módulos para I.R.P.F. e I.V.A. en régimen simplificado 54
Resumen 140

CAPÍTULO V 141
EL PERIODO IMPOSITIVO Y EL DEVENGO DEL IMPUESTO 141
Reglas generales sobre el periodo impositivo 141
Devengo del impuesto 143
Resumen 143

CAPÍTULO VI 145
GESTIÓN DEL IMPUESTO 145
Obligación de declarar 145
Declaración conjunta o separada 146
Lugar de presentación de la declaración 148

Relación de los socios en las sociedades transparentes . . . 149
Plazo de presentación, declaración y pago . . . 149
Declaración del Impuesto sobre el Patrimonio . . . 150
Devolución de oficio . . . 150
Resumen . . . 151

CAPÍTULO VII . . . 153
LA DEUDA TRIBUTARIA . . . 153
Tarifa del impuesto y límites de la cuota . . . 153
Declaración simplificada . . . 157
Resumen . . . 158

CAPÍTULO VIII . . . 159
DEDUCCIONES DE LA CUOTA . . . 159
Deducciones por cada concepto . . . 159
Esquema . . . 164
Resumen . . . 165

CAPÍTULO IX . . . 167
RETENCIONES . . . 167
Personas obligadas a retener . . . 167
Reglas especiales en los rendimientos de capital mobiliario . . . 167
Excepciones a la obligación de retener . . . 168
Retenciones e ingresos a cuenta . . . 169
Periodos y plazos de la declaración . . . 177
Retención directa del Estado . . . 177
Ingreso de la retención . . . 177
Obligaciones tributarias del retenedor . . . 178
Resumen . . . 179

CAPÍTULO X 181
FRACCIONAMIENTO DE PAGO 181
Obligados al pago fraccionado 181
Periodos y plazo del fraccionamiento del pago 181
Importe del fraccionamiento 182
Obligaciones contables y registrales 183
Autoliquidación del impuesto 184
Liquidación provisional por la Administración 184
Liquidación complementaria por investigación 184
Forma de pago de las liquidaciones 185
Obligaciones de los representantes 185
El impuesto actual sobre el patrimonio 186
Resumen 188

INTRODUCCIÓN

■

El Impuesto sobre la Renta de las Personas Físicas es el impuesto directo de mayor trascendencia en el complejo mundo tributario. Junto con el IVA (impuesto de naturaleza indirecta) compone el eje vertebral de nuestro sistema impositivo.

La Ley 18/1991, de 6 de junio, así como el reglamento que la desarrolla, constituyen las principales fuentes de regulación que en la presente obra se toman como referencia.

El campo tributario, y por lo tanto el I.R.P.F., están en constante variación y formación. Cada año, mediante la Ley General de Presupuestos del Estado, se modifican artículos, cantidades y conceptos que afectan a la aplicación del impuesto, obligando al contribuyente a estar informado sobre la mecánica y funcionamiento de dichos cambios.

En esta obra, mediante una exposición pormenorizada de todos los conceptos (renta, hecho imponible, gastos, liquidación, etc.) que integran el impuesto, se describe en términos claros y concisos la regulación aplicable al actual ejercicio.

CAPÍTULO I

¿QUÉ ES EL IMPUESTO SOBRE LA RENTA?

■

Naturaleza y ámbito de aplicación

El Impuesto sobre la Renta de las Personas Físicas es un tributo de carácter directo, a diferencia de los indirectos que gravan el consumo (IVA), y de naturaleza personal y subjetiva, que grava la renta de los sujetos pasivos en función de la cuantía y circunstancias personales y familiares que concurran en estos.

El impuesto se exige en todo el territorio español, ello sin perjuicio de los regímenes especiales en razón del territorio (País Vasco, Comunidad Foral de Navarra) y de los tratados internacionales que hayan pasado a formar parte del ordenamiento interno.

Dentro de este último apartado, se incluyen todos aquellos tratados bilaterales y multilaterales destinados a evitar la doble imposición. Sería el caso de un español que obtuviese parte de sus ingresos en territorio extranjero.

Para los residentes en la Unión Europea que no lo sean en el territorio español, véase la Disposición Adicional Octava de la Ley 42/1994, de 30 de diciembre, de Medidas Fiscales Administrativas y de Orden Social (B.O.E. de 31 de diciembre), que opera en los referidos Territorios Históricos.

¿Qué es el hecho imponible y la renta?

Tal como define la Ley del impuesto, se entiende por hecho imponible la obtención de renta por el sujeto pasivo. El impuesto grava el hecho de obtener unos rendimientos determinados en un cierto plazo (un año natural).

La renta está formada por la totalidad de los rendimientos netos. Es decir, rendimientos brutos menos gastos deducibles y más incrementos menos disminuciones patrimoniales e imputaciones de bases imponibles positivas de las sociedades en régimen de transparencia fiscal.

En particular se entienden como rendimientos:

— los procedentes del trabajo personal;
— los derivados de explotaciones económicas, de toda clase, y los derivados de actividades profesionales y artísticas;
— los derivados de cualquier elemento patrimonial que no se encuentre afecto de manera exclusiva a una explotación económica, profesional o artística.

Son incrementos y disminuciones patrimoniales las variaciones en el valor del patrimonio del sujeto pasivo.

A este respecto, es importante diferenciar los incrementos y disminuciones patrimoniales que están gravados por el I.R.P.F., de la tributación que se exige por el Impuesto sobre el Patrimonio, que afecta al mismo como conjunto autónomo. Es decir, por el hecho de tener unos bienes.

Las prestaciones de trabajo personal y las de bienes en sus distintas modalidades, se presumen, salvo prueba en contrario, retribuidas. En todo caso, las referidas prestaciones se valorarán por el precio normal del mercado.

En el supuesto de préstamos, la retribución mínima se valorará por el tipo básico de interés del Banco de España.

Para 1996, el interés legal del dinero ha sido fijado en el 9 % (Disposición Adicional Duodécima del Real Decreto-Ley 12/1995, de 28 de diciembre, sobre Medidas Urgentes en Materia Presupuestaria, Tributaria y Financiera (B.O.E. de 30 de diciembre 1995).

Rentas exentas

Estarán exentas las siguientes rentas:

a) Las prestaciones públicas extraordinarias recibidas por haber sufrido actos de terrorismo.

b) Las prestaciones reconocidas al sujeto pasivo por la Seguridad Social, o por las Entidades que la sustituyan, como consecuencia de incapacidad permanente absoluta o gran invalidez.

c) Las pensiones por inutilidad o incapacidad permanente para el servicio de los funcionarios de las Administraciones Públicas, cuando el grado de disminución física o psíquica sea constitutivo de una gran invalidez.

d) Las indemnizaciones por despido o cese del trabajador en la cuantía establecida con carácter obligatorio en el Estatuto de los Trabajadores en su normativa reglamentaria de desarrollo o, en su caso, en la norma reguladora de ejecución de sentencias, sin que pueda considerarse como tal la establecida en virtud de convenio, pacto o contrato.

e) Las indemnizaciones por daños físicos o psíquicos a personas en la cuantía legal o judicialmente reconocida, así como las percepciones derivadas de contratos de seguro por idéntico tipo de daños hasta 25 millones de pesetas.

Esta exención, es asimismo aplicable a las ayudas previstas en el artículo 2, apartado 1, párrafo *a*), del Real Decreto-Ley 9/1993, de 28 de mayo, por el que se conceden ayudas a los afectados por el virus de inmunodeficiencia humana (VIH) como consecuencia de actuaciones realizadas en el sistema sanitario público (B.O.E. de 1 de junio).

f) Los premios de las loterías, juegos y apuestas del Organismo Nacional de Loterías y Apuestas del Estado o de las organizadas por las comunidades autonómicas.

g) Los premios de los sorteos organizados por la Cruz Roja Española.

h) Los premios de los sorteos de la Organización Nacional de Ciegos.

i) Los premios literarios, artísticos o científicos relevantes. La exención (véase artículo 3 del registro) debe ser solicitada por la entidad que los conceda y para obtenerla deben cumplir el requisito de que el premio será periódico, convocado nacional o internacionalmente, referirse a hechos anteriores a su concesión, y además no implicar la cesión de derechos de propiedad intelectual o industrial.

j) Las becas públicas percibidas para cursar estudios en todos los niveles y grados del sistema educativo hasta el de licenciatura o equivalente inclusive.

k) Las anualidades por alimentos percibidas de los padres en virtud de decisión judicial.

l) Las cantidades percibidas de instituciones públicas con motivo del acogimiento de personas con minusvalía o mayores de 65 años.

m) Las pensiones reconocidas en favor de aquellas personas que sufrieran lesiones o mutilaciones con ocasión o como consecuencia de la guerra civil (1936-1939), ya sea por el régimen de Clases Pasivas del Estado o al amparo de la legislación especial dictada al efecto.

El Ministerio de Economía y Hacienda puede declarar la exención, en régimen de reciprocidad, de los rendimientos obtenidos que correspondan a empresarios de navegación marítima o de navegación aérea residentes en el extranjero, cuyos buques o aeronaves toquen territorio español, aunque tengan en este consignatarios o agentes.

Concepto de rendimiento neto

El rendimiento neto es la diferencia entre el importe íntegro o bruto que obtenga el sujeto pasivo y los gastos cuya deducción resulte pertinente en cada caso.

En próximos capítulos se estudiarán los gastos deducibles de cada tipo de rendimiento.

RESUMEN

La renta está formada por el conjunto de todos los rendimientos que se devengan durante todo un año por el sujeto pasivo.

A la suma de los rendimientos brutos se le deben deducir los gastos necesarios y legalmente justificados, obteniendo así el rendimiento neto. A este rendimiento neto se le añaden los incrementos patrimoniales y se le restan las disminuciones.

Dentro de los rendimientos brutos, hay que distinguir: los derivados del trabajo personal, los procedentes de explotaciones económicas de toda clase, así como los originados por las actividades profesionales y artísticas.

Los incrementos y disminuciones patrimoniales son aquellas variaciones en el valor del patrimonio del sujeto pasivo.

Los incrementos y disminuciones están gravadas por el Impuesto sobre la Renta, y no por el Impuesto sobre el Patrimonio, el cual se aplica exclusivamente sobre el total del mismo, con independencia del origen.

CAPÍTULO II

EL SUJETO PASIVO

■

Obligación personal y obligación real

Desde un planteamiento bien sencillo, el sujeto pasivo es aquel sobre quien recae la obligación de contribuir.

La obligación de contribuir es de dos tipos: la real, y la per-sonal.

Son sujetos pasivos por obligación personal:

— las personas físicas que tengan su residencia habitual en territorio español.

A este respeto se entiende por residencia habitual la permanencia de más de 183 días durante el año natural en territorio español, o el hecho de que aquí radique el núcleo principal de sus actividades empresariales o profesionales o de sus intereses económicos. Salvo prueba en contrario, se presumirá que el sujeto pasivo tiene su residencia habitual en España cuando en ella residan habitualmente su cónyuge (no separado) y los hijos menores de edad que dependan de aquel.

Los sujetos pasivos obligados personalmente están gravados por la totalidad de las rentas obtenidas, con independencia del lugar donde se hubiere producido y cualquiera que sea la residencia del pagador.

Son sujetos por obligación real cualesquiera otros no detallados en el apartado anterior, o sea, que no tengan residencia habitual en España, que obtengan rendimientos o cuyo patrimonio experimente incrementos o disminuciones patrimoniales que se hayan producido en territorio español, que resulten gravados por el Impuesto sobre la Renta o que hayan sido satisfechos por una persona o entidad residente en dicho territorio.

En consecuencia los sujetos gravados por obligación real, están únicamente sometidos al impuesto por el importe de los rendimientos producidos en España, no por los restantes que pudiese tener.

A efectos de lo previsto en el párrafo anterior se consideran en toda caso y sin perjuicios de otros supuestos, rendimientos e incrementos o disminuciones patrimoniales producidos en territorio español los que a continuación enumeramos:

— los rendimientos de explotaciones económicas de cualquier índole, obtenidos por un establecimiento permanente situado en territorio español que pertenezca a una persona física;
— los rendimientos del trabajo personal y de las actividades profesionales o artísticas, cuando dicho trabajo se preste en España;
— los rendimientos de valores mobiliarios emitidos por entidades residentes en España, sean públicas o privadas, y las demás participaciones en beneficios de las indicadas entidades.

No obstante, no tendrán la consideración de rentas obtenidas en territorio español los rendimientos de los depósitos y operaciones que cumplan análogas funciones en moneda extranjera en pesetas que se satisfagan a personas o entidades no residentes en España, salvo que el pago se realice a un establecimiento permanente, por el Banco de España y Bancos, Cajas de Ahorro, Cajas Rurales y Cooperativas de Crédito y demás establecimientos con funciones delegadas del mismo;

— los rendimientos que provengan de préstamos, patentes o cualquier otra prestación de trabajo o capital realizada en territorio español a una persona o entidad residente en el mismo o a un establecimiento permanente situado en dicho territorio;
— los rendimientos de los inmuebles situados en España o de derechos relativos a los mismos;

— los rendimientos procedentes de bienes muebles situados en España;
— los incrementos o disminuciones patrimoniales que se deriven de bienes muebles o inmuebles situados en territorio español o de derechos que en él hayan nacido, puedan ejercitarse o debieran cumplirse y de títulos valores emitidos por empresas españolas o vendidos en España.

Los intereses y los incrementos de patrimonio derivados de bienes muebles, obtenidos sin mediación de establecimiento permanente por personas físicas residentes en otro estado miembro de la Unión Europea, están exentos. Excepto los derivados de la transmisión de acciones, participaciones, etc. que reúnan los requisitos que marca la Disposición final quinta de la Ley 43/95 de Sociedades (B.O.E. de 28-XII-95);
— cuando se trate de sociedades extranjeras con establecimiento permanente en España, la parte del rendimiento total equivalente a la proporción en que se encuentre el capital fiscal atribuible al establecimiento permanente respecto al capital fiscal mundial de dicha sociedad.

¿Qué es la unidad familiar?

El actual sistema del I.R.P.F. se basa en la tributación individual. Sin embargo, las personas físicas integradas en una unidad familiar pueden elegir libremente, en cualquier año fiscal, si prefieren realizar una tributación conjunta. En todo caso, su elección no será vinculante para los años sucesivos: podrán continuar tributando conjuntamente, o hacerlo de forma individual, si lo prefieren.

Para optar por la tributación conjunta, los individuos deben constituir una unidad familiar. La ley contempla dos modalidades:

— la integrada por los cónyuges no separados legalmente y sus hijos menores de edad (excepto los que viven independientemente de sus padres con consentimiento de estos);
— la formada sólo por el padre o la madre y los hijos menores no emancipados.

Nadie puede formar parte de dos unidades familiares al mismo tiempo. Por otro lado, la opción por la tributación conjunta debe abarcar a la totalidad de los miembros de la unidad familiar: si uno de ellos presenta una declaración individual, los demás deberán hacer lo mismo.

Supuestos especiales

Existen ciertos supuestos en que la producción de renta no proviene de una persona física, sino de una sociedad o ente generador de renta. En tales casos, que a continuación expondremos, ha de procederse a una imputación de renta a las correspondientes personas físicas.

Así pues, las rentas correspondientes obtenidas por sociedades civiles, herencias yacentes, comunidades de bienes y otras entidades determinadas en el artículo 33 de la Ley General Tributaria, se atribuirán a los socios, herederos, comuneros y partícipes respectivamente, según las normas o pactos aplicables en cada caso.

Otro caso especial son las denominadas sociedades de régimen de transparencia fiscal.

El régimen de transparencia fiscal se aplicará a aquellas sociedades que, siguiendo la normativa general, deberían tributar por el impuesto de sociedades. No obstante, la obtención de renta se imputa a cada uno de los socios, que tributan por tanto el Impuesto de la Renta de las Personas Físicas.

El régimen de transparencia es obligatorio.

Se imputarán en todo caso a los socios y se integrarán en su correspondiente base imponible del impuesto sobre la renta, como en su caso el de sociedades, los beneficios o pérdidas obtenidos por las sociedades que se indican a continuación, aun cuando no hayan sido distribuidos:

a) Las sociedades en que más de la mitad de su activo esté constituido por valores y las sociedades de mera tenencia de bienes (aquellas en que más de la mitad de su activo no esté afecto a actividades profesionales o empresariales), cuando en ellas se dé cualquiera de las dos circunstancias siguientes:

— que más del 50 % del capital social pertenezca a un grupo familiar, unido por vínculos de parentesco de hasta cuarto grado, inclusive;
— que más del 50 % del capital pertenezca a 10 o menos socios.

b) Las sociedades que desarrollen una actividad profesional en la que el 95 % del capital pertenezca a personas físicas que, directa o indirectamente, estén vinculadas al desarrollo de esa actividad.
c) Las sociedades en que más del 50 % de sus ingresos brutos procedan de actuaciones artísticas o deportivas de personas físicas o de cualquier otra actividad relacionada con artistas o deportistas cuando, entre estos y sus familiares de hasta cuarto grado tengan derecho a participar en el 25 % de los beneficios.

RESUMEN

El impuesto sobre la renta, gira alrededor de la obtención de unos ingresos, por parte de la unidad familiar o sujeto pasivo.

El origen de estos ingresos puede ser muy diverso, ya sean del trabajo personal, actividades económicas independientes, o de rendimientos de capital (mobiliario o inmobiliario), así como de las posibles variaciones patrimoniales en los bienes del sujeto pasivo.

Existen algunos tipos de rendimientos que la ley considera que no son renta, y por lo tanto no deben de tributar por este impuesto (distinto es en el Impuesto sobre el Patrimonio).

Todos los rendimientos del sujeto pasivo, estén obtenidos en España o en el extranjero deben declararse, excepto en el caso de tener fijada la residencia en territorio no nacional.

CAPÍTULO III

LA BASE IMPONIBLE

Concepto

Se entiende por base imponible el conjunto de rendimientos del sujeto pasivo durante el periodo impositivo (el año natural).

En el supuesto de que varios sujetos pasivos formen parte de una unidad familiar, la base imponible estará compuesta por la suma de las correspondientes rentas de todos los miembros de dicha unidad, excepto en el caso de que se realice declaración separada de cada uno de los miembros de la unidad familiar.

La base imponible está compuesta por la suma de las rentas procedentes de los siguientes rendimientos:

— rendimientos del trabajo personal;
— rendimientos de capital;
— rendimientos de actividades empresariales, profesionales y artísticas;
— incrementos y disminuciones patrimoniales.

Rendimientos del trabajo

Para la obtención de los rendimientos del trabajo, hay que calcular el valor de los ingresos íntegros o brutos y sustraer los gastos necesarios para la obtención de los mismos. Al resultado se le denomina rendimiento neto del trabajo. Pasemos a su examen.

Se entiende por rendimientos brutos del trabajo todas las contraprestaciones, cualesquiera que sea su denominación, que se deriven exclusivamente, sea directa o indirectamente, del trabajo personal del sujeto pasivo por cuenta ajena (asalariados).

Tales contraprestaciones comprenden tanto las dinerarias, como las obtenidas en especie, en cuanto retribuyan o se deriven exclusivamente del trabajo personal del sujeto pasivo.

La ley considera como retribuciones en especie la utilización, consumo u obtención, para fines particulares, de bienes, derechos o servicios de forma gratuita o por un precio inferior al del mercado aunque no supongan un gasto real para quien los conceda. Por ejemplo, la utilización de viviendas o automóviles, los préstamos a interés reducido, viajes de incentivo, becas de estudio, etc.

Enumeración de los rendimientos de trabajo:

— los sueldos y sus complementos;
— los jornales y salarios;
— las gratificaciones, los incentivos, pluses y pagas extraordinarias;
— los premios e indemnizaciones no exentos;
— las prestaciones de desempleo no exentas;
— las remuneraciones en concepto de gastos de representación;
— las pensiones y haberes pasivos no exentos;
— las ayudas o subsidios familiares y las becas no exentas;
— las dietas y asignaciones para gastos de viaje, excepto los de locomoción y los normales de alojamiento y manutención;
— los derechos especiales de contenido económico que se reserven los fundadores o promotores de una sociedad como remuneración de servicios personales;
— las prestaciones percibidas por los beneficiarios de los Planes de Pensiones y sistemas alternativos (si no están sujetas al Impuesto sobre Sucesiones y Donaciones);
— las retribuciones derivadas de relaciones laborales de carácter especial;

— los sueldos de senadores, diputados (del Congreso, parlamentos autonómicos y Parlamento Europeo) concejales y diputados provinciales, excepto las recibidas en concepto de gastos de viaje;
— las remuneraciones de funcionarios españoles en organismos internacionales;
— las cantidades que se obtengan por el desempeño de funciones de ministro o sacerdote de confesiones religiosas legalmente reconocidas;
— las retribuciones de los vocales de consejos de administración y órganos colegiados equivalentes;
— las pensiones compensatorias a favor del cónyuge y las anualidades por alimentos no exentas;

Hay que reseñar que todos estos rendimientos se calculan y valoran en su importe íntegro, incluyéndose, por tanto, los impuestos, las cuotas de la Seguridad Social, montepíos, mutualidades laborales u otras cantidades que sean a cargo del sujeto pasivo, aunque las satisfaga por su cuenta otra persona o entidad.

Dietas por desplazamientos y gastos de viaje

a) Gastos de manutención y estancia:

1. Se considerarán rendimientos del trabajo, las dietas y asignaciones para gastos de viajes devengados en lugar distinto al del trabajo habitual del perceptor (fábrica, taller, oficina, etc.), excepto los de locomoción y los normales de manutención y estancia en hoteles, restaurantes y demás establecimientos de hostelería.

2. A estos efectos se consideran como gastos normales los de manutención y estancia en hoteles, restaurantes y demás establecimientos de hostelería, las asignaciones por tales conceptos que no superen la cantidad fija de 36.900 ptas. diarias si se devengan por desplazamiento dentro del territorio español o la de 61.000 ptas. diarias si se abonaran por desplazamiento realizado a territorio extranjero. En tales cantidades no se incluyen los gastos de locomoción.

3. No precisarán justificación en cuanto a su cuantía los gastos de manutención y hospedaje a que se refiere el apartado anterior, que no excedan de la cantidad de 13.000 ptas. diarias, si se devengan por desplazamiento dentro del territorio español o la de 22.600 ptas. diarias, si tuvieran lugar por desplazamiento a territorio extranjero. No obstante, cuando no se haya pernoctado en un municipio distinto del lugar de trabajo habitual y del que constituye la residencia del trabajador, dichas cantidades quedan limitadas a 3.600 y 7.700 ptas. diarias, respectivamente.

4. El exceso de las cantidades asignadas por razón de dietas de desplazamiento o gastos de viaje sobre los límites antes señalados, según se justifiquen o no, respectivamente, los gastos de manutención y estancia en establecimientos de hostelería, estará sujeto a gravamen.

5. Tendrán la consideración de dietas o gastos exceptuados de gravamen el exceso que perciban los funcionarios del Estado español con destino en el extranjero sobre la cantidad total que obtendrían por sueldos, trienios, incentivos o complementos, en el supuesto de hallarse destinado en España.

A estos efectos por el Ministerio de Hacienda, se acordarán las equiparaciones retributivas que puedan corresponder a dichos funcionarios si estuviesen destinados en territorio español.

6. Igualmente tendrán la consideración de dietas o gastos excluidos de gravamen, el exceso que perciban los empleados de empresas con destino en el extranjero, sobre la cantidad total que obtendrían por sueldos, jornales, antigüedad, pagas extraordinarias, incluso la de beneficios, ayuda familiar, o por cualquier otro concepto, por razón de cargo, empleo, categoría o profesión, en el supuesto de hallarse en España.

7. El personal de vuelo de líneas aéreas, una vez justificados los gastos de estancia y hospedaje, no precisa justificar los gastos de manutención que no excedan de 7.200 ptas. diarias en España y 13.100 ptas. diarias en el extranjero.

8. Cuando se trate de desplazamiento y permanencia, por un periodo continuado superior a 183 días, a municipios distintos del lugar de trabajo habitual, no se considerarán exceptuados los gastos de locomoción, manutención y hospedaje. A estos efectos no se descontarán el período de vacaciones, enfermedad u otras circunstancias que no impliquen alteración de destino, salvo en los casos previstos en los apartados 5 y 6 anteriores.

b) Gastos de locomoción:

Se exceptúan de gravamen los gastos de locomoción del empleado o trabajador que se desplace fuera de la fábrica, taller u oficina para realizar su trabajo en lugar distinto, en las siguientes condiciones:

— si el medio de transporte lo facilita la empresa de forma gratuita;
— si la empresa le satisface el gasto realizado, según cuenta de kilometraje que le rinda el empleado o trabajador, siempre que este justifique la realidad del desplazamiento.

En caso de imposibilidad de justificación de la cuantía del gasto se excluirá la cantidad que resulte de computar 24 ptas. por kilómetro recorrido.

— Cuando la empresa resarce al trabajador o empleado mediante una retribución global específica, siempre que se justifique la realidad de los desplazamientos y que la cuantía de la retribución coincida anualmente de modo aproximado, con el total de los gastos de desplazamiento, con el límite señalado en el párrafo anterior, cuando no se justifique el importe del gasto;
— si el trabajador o el empleado utiliza medios de transporte público, el importe del gasto se justificará documentalmente. En caso de imposibilidad de justificación documental, se exceptuará del gravamen el que resulte del número de desplazamientos y el precio del transporte público utilizado.

c) La cuantía por dietas y gastos de viaje y manutención será igualmente de aplicación a los sujetos que obtengan rendimientos de trabajo que se deriven de relaciones laborales especiales de carácter dependiente, siempre que justifiquen la realidad de los desplazamientos (representantes agentes comerciales, personal de alta dirección, deportistas profesionales, artistas.

Si los gastos de locomoción, manutención y estancia son resarcidos por las empresas, podrán deducir de sus ingresos para determinar sus rendimientos netos (con independencia de que se conserven o no los justificantes), las cuantías percibidas por:

— desplazamientos en territorio español:
pernoctando: 13.000 ptas. diarias;
sin pernoctar: 3.600 ptas. diarias;

— desplazamientos al extranjero:
pernoctando: 22.600 ptas. diarias;
sin pernoctar: 7.700 ptas. diarias.

La utilización de la vivienda como rendimiento

En el caso de que la contraprestación del trabajador consista en parte en la utilización gratuita de vivienda, el importe de aquella se estimará en el 2 % del valor catastral de los inmuebles utilizados, determinado conforme las reglas del Impuesto sobre el Patrimonio.

No obstante, en el supuesto de que el valor catastral de la vivienda utilizada hubiera sido revisado o modificado y haya entrado en vigor con posterioridad al 1 de enero de 1994, para determinar la valoración de esta modalidad de retribución en especie se aplicará el porcentaje del 1,1 % sobre dicho valor catastral revisado.

El importe de la contraprestación así determinada tendrá como límite máximo el 10 % de las restantes contraprestaciones de trabajo personal que perciba el sujeto pasivo por su empleo.

Concepto de rendimiento neto

De los rendimientos brutos del trabajo personal se deducirán los siguientes:

a) Las cantidades abonadas con carácter obligatorio a montepíos laborales y mutualidades, cuando amparen entre otros, el riesgo de muerte; cotizaciones de la Seguridad Social correspondientes al sujeto pasivo; detracciones por derechos pasivos y cotizaciones de los colegios de huérfanos o instituciones similares y las cuotas satisfechas a los sindicatos.

b) La cantidad que resulte de aplicar el 5 % sobre el importe de los ingresos íntegros en conceptos de gastos de difícil justificación, hasta un máximo de 250.000 ptas. Dicho porcentaje será de un 15 % hasta un máximo de 600.000 ptas. para quienes padezcan de minusvalía o ceguera y no puedan desplazarse por sí mismos a su lugar de trabajo. Dicha minusvalía debe ser igual o superior al 33 % y puede acreditarse mediante certificado expedido por el INSERSO o por el órgano competente de la comunidad autonómica.

Rendimientos del capital

Se consideran rendimientos de capital la totalidad de las contraprestaciones que provengan directa o indirectamente de elementos patrimoniales, bienes o derechos, cuya titularidad corresponda al sujeto pasivo y no se hallen afectos a actividades empresariales, profesionales o artísticas realizadas por el mismo.

El reglamento del impuesto diferencia dos tipos de rendimientos de capital:

1. Rendimientos del capital inmobiliario: provienen de los bienes inmuebles, tanto rústicos como urbanos, no afectos a actividades empresariales.

2. Rendimientos de capital mobiliario: provienen de capital mobiliario y, en general, de bienes y derechos no afectos a actividades empresariales. Si los elementos patrimoniales se hallan afectos a estas u otras actividades, su rendimiento económico se considera incluido en ellas.

Examinaremos, a continuación, cada uno.

Rendimientos de capital inmobiliario

Se comprenden como rendimientos procedentes de la propiedad o posesión de inmuebles rústicos y urbanos:

a) En el supuesto de los inmuebles arrendados o subarrendados, el importe que por todos los conceptos se reciba del arrendatario o subarrendatario, incluido en su caso el correspondiente a todos aquellos bienes cedidos por el inmueble.

Si el propietario o el titular del derecho real de disfrute se reservase algún aprovechamiento, se computarán también como ingresos las cantidades que correspondan al mismo.

b) En el supuesto de los restantes inmuebles urbanos, excluido el suelo no edificado, el importe que resulte de aplicar al valor catastral los porcentajes que a continuación se indican:

1. Con carácter general, el 2 %.
2. En los inmuebles cuyo valor catastral haya sido revisado, y esté en vigor desde el 1 de enero de 1994, el 1,1 %.
3. Cuando existan derechos reales de disfrute, se imputará al titular el rendimiento que corresponderá al propietario.
4. En los edificios en construcción y en aquellos que no puedan ser utilizados por razones urbanísticas, no se estimará ningún rendimiento.

c) Lo establecido en los apartados anteriores será de aplicación a los titulares de derechos reales de disfrute.

d) Los rendimientos procedentes de los derechos reales que recaigan sobre los bienes rústicos o urbanos.

Para la determinación de los rendimientos netos de los bienes inmuebles se deducirán en su caso:

a) En los bienes comprendidos en la letra *a*) anterior, los gastos necesarios para su obtención y el importe del deterioro sufrido por el uso o transcurso del tiempo en los bienes de los que procedan rendimientos.

b) Tratándose de bienes urbanos incluidos en la letra *b*) anterior, los intereses de los capitales ajenos invertidos en la adquisición o mejora de los bienes que de dichos rendimientos procedan.

c) En el apartado *b*) anterior, la deducción de intereses por capitales ajenos invertidos en la adquisición o mejora de los bienes de esta naturaleza no podrán exceder conjuntamente de 800.000 ptas. por cada periodo impositivo (cada año), en declaraciones individuales y de 1.000.000 ptas. anuales en declaraciones conjuntas de unidad familiar.

Gastos deducibles de los rendimientos brutos del capital inmobiliario

Son deducibles de los rendimientos íntegros los gastos necesarios para su obtención y el importe del deterioro sufrido por el uso o transcurso del tiempo en los bienes de que los rendimientos procedan (los antes mencionados).

Y en particular se incluyen los siguientes gastos:

a) Los tributos y recargos no estatales, así como las exacciones parafiscales, tasas, recargos y contribuciones especiales estatales no repercutibles legalmente sobre el inquilino, siempre que incidan sobre los rendimientos computados o sobre los bienes o derechos productores de los mismos y no tenga carácter sancionador.

b) Las cuotas satisfechas a corporaciones y colegios profesionales.

c) Las cantidades devengadas por terceros en contraprestación directa o indirecta de servicios personales, tales como los de administración, guardería, portería, o similares, así como las cantidades abonadas a los montepíos laborales, mutualidades obligatorias y cotizaciones a la Seguridad Social y colegios de huérfanos derivados de los servicios personales antes indicados.

d) Los ocasionados por la formalización del arrendamiento, subarrendamiento o cesión y los de defensa de carácter jurídico relativos a los bienes o rendimientos de capital.

e) Los saldos de dudoso cobro en las condiciones y con los requisitos necesarios.

f) Los gastos necesarios para la obtención de los aprovechamientos que el propietario se reserve, siempre que corran a su cargo.

g) Los gastos de conservación y reparación de edificios, instalaciones, motores, máquinas, cercas, muros, canales, caminos y otros elementos patrimoniales análogos, en la parte que corresponda al propietario.

No serán deducibles por este concepto las cantidades destinadas a ampliación o mejora de los bienes susceptibles de amortización, tales como las destinadas a puertas de seguridad, contraventanas y enrejados.

h) El importe de las primas en virtud de contratos de seguro, bien sea de responsabilidad civil, incendio, robo, rotura de cristales u otros de naturaleza análoga, sobre aquellos bienes o derechos (bienes rústicos y urbanos) siempre que efectivamente, sean a cargo del propietario.

i) Los intereses de los capitales ajenos invertidos en los bienes o derechos a que hace referencia el apartado anterior y demás gastos de financiación siempre que, efectivamente, sean a cargo del propietario.

El importe deducible no podrá exceder, para cada uno de los inmuebles, de la cuantía de los ingresos íntegros obtenidos por su cesión.

j) Las cantidades destinadas a servicios o suministros siempre que corran a cargo del propietario.

k) Las cantidades destinadas a la amortización de bienes, incluso de las mejoras, siempre que correspondan a una depreciación efectiva.

Se considerará que las amortizaciones cumplen el requisito de efectividad cuando se excedan del resultado de aplicar los siguientes porcentajes.

Cuando se trate de inmuebles que no estén afectos a actividades empresariales, profesionales o artísticas, el 1,5 % sin incluir en el cómputo el valor de los terrenos.

Este porcentaje se aplicará sobre los siguientes valores:

— si el sujeto pasivo está obligado a presentar declaración del impuesto sobre el patrimonio, el valor que conste o debería constar en la declaración del impuesto, correspondiente al periodo impositivo en que se estime la amortización como gasto deducible;

— si el sujeto pasivo no está obligado a presentar dicha declaración y no ha actualizado su valor, sobre su valor catastral. De haberlo actualizado será sobre este valor;
— en el supuesto de inmuebles urbanos utilizados por sus propietarios o usufructuarios, de los rendimientos imputados sólo se deducirán los intereses de capitales ajenos (préstamos) invertidos en inmuebles.

No serán deducibles como gasto:

a) Los que legalmente puedan repercutirse al arrendatario o inquilino.
b) Los producidos por incendio, inundación, hundimiento o cualquier otro siniestro a los que les será de aplicación el tratamiento previsto para las indemnizaciones percibidas por estos conceptos como variaciones de patrimonio.

Rendimientos de capital mobiliario

Se consideran rendimientos brutos o íntegros procedentes del capital mobiliario todas las percepciones que se deriven directa o indirectamente de elementos patrimoniales de tal naturaleza, tanto de bienes como de derechos no afectos a actividades.

A este respecto hay que considerar y tener presente que la venta de derechos de suscripción y entrega de acciones, total o parcialmente liberadas no se consideran en esta clase de rendimientos de capital mobiliario, sino como variaciones patrimoniales (en próximos capítulos se examinarán los incrementos y disminuciones de esta naturaleza).

Se incluyen entre los rendimientos de capital mobiliario los siguientes:

a) Los dividendos, primas de asistencia a junta y participaciones en los beneficios de entidades, así como cualquier otra utilización derivada de la condición de socio o partícipe.
b) Cualquier clase de títulos jurídicos que estatutariamente faculten para participar en los beneficios, ventas o ingresos y con-

ceptos similares, por causa distinta de la remuneración del trabajo personal como directores, gestores, consejeros, administradores, etcétera.

c) Los derivados de la propiedad intelectual o industrial cuando el sujeto pasivo no es el autor.

d) Las rentas de arrendamientos de bienes, derechos, negocios o minas.

e) La utilización o consumo de bienes o servicios de forma gratuita o precio inferior al normal del mercado a consecuencia de la condición de socio o partícipe.

f) Por la Ley 14/85 se determina que tienen la consideración de rendimientos de capital mobiliario las contraprestaciones de todo tipo, dinerarias o en especies, satisfechas por la captación o utilización de capitales ajenos.

En particular se entiende incluida la diferencia entre el importe satisfecho en la emisión, primera colocación o endoso y el comprometido a reembolsar al vencimiento, en aquellas operaciones cuyo rendimiento se fije total o parcialmente de forma implícita, a través de documentos tales como letras de cambio, pagarés, bonos, obligaciones, cédulas y cualquier otro título similar utilizado para la captación de recursos ajenos.

No se consideran como rendimientos de capital mobiliario los siguientes:

— la atribución de rendimientos de entidades con imputación de los rendimientos a los socios (sociedades civiles, comunidades de bienes...);
— la imputación de resultados a los socios o partícipes por transparencia fiscal;
— la contraprestación por precio aplazado en la compraventa cuando sea negocio regular comercial, industrial o de servicios;
— la asistencia técnica cuando tenga lugar en el ámbito de una actividad comercial.

Reglas especiales

1. Rendimiento objeto de nueva inversión. Se consideran en todo caso obtenidos estos rendimientos aun cuando fueran objeto de nueva inversión.
2. Rendimientos de conjuntos. Cuando se obtengan conjuntamente con otros rendimientos, tales como inmobiliarios, de trabajo personal, la totalidad de los rendimientos tributarán íntegramente como rendimientos de capital mobiliario.

Gastos deducibles y otras reducciones

La consideración de gastos deducibles para la determinación del rendimiento neto del capital mobiliario la tienen, exclusivamente, los de administración y custodia. Cuando se trata de rendimientos derivados de la prestación de asistencia técnica y del arrendamiento de bienes muebles, negocios o minas, se pueden deducir los gastos necesarios para su obtención y el importe del deterioro sufrido por los bienes de los que procedan los ingresos.

Los rendimientos del capital mobiliario, una vez deducidos los gastos del párrafo anterior, se pueden reducir en 28.000 ptas. anuales, siempre que, como consecuencia de ello, el rendimiento neto no resulte negativo.

En el caso de rentas vitalicias el rendimiento de las mismas será el siguiente:

— el 70 % de la anualidad si el perceptor tiene menos de 50 años;
— el 50 % cuando tenga entre 50 y 59 años;
— el 40 % cuando tenga entre 60 y 69 años;
— el 30 % a partir de los 70 años.

Estos porcentajes se refieren a la edad del perceptor en el momento de constituirse la renta, y permanecen constantes durante la vigencia de la misma.

Si se trata de rentas temporales, el rendimiento de las mismas se considera el 60 % de su importe anual.

Rendimientos de actividades empresariales, profesionales y artísticas

Son requisitos para que los rendimientos de las actividades arriba mencionadas sean calificadas como tales, los siguientes:

a) Que procedan del trabajo personal y del capital conjuntamente, o de uno solo de estos factores.
b) Que suponga por parte del sujeto pasivo la ordenación por cuenta propia de los medios de producción y de recursos humanos o de uno solo de ellos.
c) Que la actuación del sujeto tenga la finalidad de intervenir en la producción y distribución de bienes y servicios.

En particular se entienden incluidos en dichos rendimientos los provenientes de actividades comerciales, de servicios, mineras, profesionales o artísticas.

El reglamento, en su artículo 59 considera y enumera entre los rendimientos de las actividades profesionales los provenientes de las siguientes actividades:

a) Expendedores de productos monopolizados.
b) Administradores de loterías.
c) De la propiedad intelectual o industrial, cuando el dominio de las obras pertenezca a sus autores o traductores.
d) Agentes libres de seguros.
e) Comisionistas del Patronato de Apuestas Mutuas Deportivas Benéficas y de los titulares de establecimientos de dicho patronato.
f) Profesores, cualquiera que sea la naturaleza de las enseñanzas, que ejerzan la actividad bien en su domicilio, casas particulares o en academias o establecimiento abierto, siempre que, en este último caso, no perciba sueldo fijo. Por tanto, si la remuneración consistiera en sueldo fijo, el rendimiento se incluirá entre los correspondientes al trabajo personal.

La enseñanza en academias o establecimientos propios tendrá la consideración de actividad empresarial.

g) Las remuneraciones o gratificaciones por conferencias, ponencias en seminarios o cursillos, u otras actuaciones análogas.
h) Las cantidades que se obtengan por el ejercicio del ministerio sacerdotal.

En ningún caso se consideran rendimientos de actividades profesionales las cantidades que perciban las personas que, a sueldo de una empresa, por las funciones que en ella realizan, estén obligadas a inscribirse en sus respectivos colegios profesionales.

Este es el caso, por ejemplo, del abogado o el médico que trabaja en una empresa y recibe un sueldo, no unos honorarios profesionales.

Las cantidades que reciben como sueldo deben incluirse entre los rendimientos del trabajo personal.

Rendimientos brutos de las actividades empresariales,profesionales o artísticas

a) La totalidad de los ingresos, procedentes de la enajenación de los bienes o de la prestación de los servicios, objeto de la actividad de que se trate, incluidos los residuos, embalajes y envases siempre que el precio de estos se cargue al cliente, servicios conexos y demás rendimientos procedentes de aquella.
b) Cesión gratuita. El valor formal de los bienes y servicios cedidos a terceros de forma gratuita o a precio inferior al del mercado o destinado a uso o consumo propio o de la unidad familiar. El caso más frecuente es el autoconsumo de bienes.
c) Subvenciones y transferencias. El importe de las subvenciones y transferencias de bienes o derechos susceptibles de valoración económica. Se entiende por transferencia toda transmisión de cualquier clase de bienes o derechos sin que exista contraprestación o sea inferior al precio del mercado. En el caso de que la transferencia recibida no se compute como ingreso de la actividad, se someterá al tratamiento previsto para los incrementos patrimoniales (véanse capítulos siguientes, incrementos y disminuciones patrimoniales).

d) Descuentos. No se computarán como ingresos los descuentos de siempre que resulten normales según los hábitos comerciales y las circunstancias que concurran en cada caso.
e) Seguros. Las cantidades abonadas por las compañías de seguros en virtud de siniestros ocasionados en productos de la explotación.
f) Aparcería. En las explotaciones en aparcería, se imputarán ingresos y gastos, entre propietario y aparcero según contrato, y si no existe, por partes iguales.

Gastos deducibles

Se consideran gastos deducibles de los rendimientos íntegros o brutos:

a) Las cuotas satisfechas a corporaciones, colegios profesionales, cámaras y asociaciones empresariales o patronales legalmente constituidas y las cotizaciones a mutualidades obligatorias de funcionarios.
b) El 1 % sobre el importe de los rendimientos íntegros por gastos necesarios de difícil justificación cuando se trate de actividades profesionales.

En la determinación del rendimiento neto de las actividades profesionales o empresariales serán de aplicación las normas del Impuesto sobre Sociedades, sin perjuicio de lo previsto para la estimación objetiva.

Gastos no deducibles

No tienen la consideración de gastos deducibles:

a) Los conceptos a que se refieren las letras *m*) y *o*) del artículo 13 de la Ley del Impuesto sobre Sociedades.
b) Las donaciones puras y simples de bienes que forman parte del patrimonio histórico español (sin perjuicio del derecho a las deducciones en la cuota).

c) las cantidades abonadas con carácter obligatorio a montepíos laborales y mutualidades, cuando amparen entre otros, el riesgo de muerte (sin perjuicio de lo que se dirá sobre la base liquidable regular).

Incrementos y disminuciones patrimoniales (IDP)

Se consideran IDP las variaciones en el valor del patrimonio del sujeto pasivo cuando se pongan de manifiesto con ocasión de cualquier alteración en la composición del mismo.

De este concepto se desprende que las variaciones patrimoniales se ponen de manifiesto con ocasión de cualquier alteración, o sea, cuando se producen cambios en la titularidad de los bienes.

No se consideran, por tanto, IDP las plusvalías o minusvalías que se producen en el patrimonio del sujeto pasivo, como por ejemplo la revalorización de un terreno o de un edificio.

Esta revalorización supone un incremento que tributará por el Impuesto sobre la Renta cuando sea vendido.

Cuándo se produce una alteración patrimonial?

Constituyen alteración en la composición del patrimonio los siguientes actos:

— la transmisión onerosa o lucrativa de cualquier elemento patrimonial (por ejemplo la venta de una finca);
— la incorporación al patrimonio del sujeto pasivo de dinero, bienes o derechos;
— la sustitución de un derecho por otros bienes o derechos;
— la cancelación de obligaciones de contenido económico;
— la permuta de bienes o derechos patrimoniales;
— las pérdidas justificadas.

Asimismo, se consideran alteraciones patrimoniales aquellas que no figuran declaradas en el Impuesto sobre el Patrimonio y que sean descubiertas por la Administración.

Incrementos que no están sometidos a gravamen

En el artículo 78 del reglamento se enumeran los siguientes:

— los incrementos patrimoniales que tengan su origen en los conceptos no sujetos (por ejemplo, premios, indemnizaciones, etc.).
  Dichos conceptos no tributarán por renta en el año de su obtención, pero sí en el impuesto del patrimonio en el año siguiente, excepto que se consuman;
— los incrementos patrimoniales sujetos a impuestos sobre sucesiones y donaciones;
— los incrementos patrimoniales generados por rendimientos netos (de trabajo de capital, de actividades empresariales) que de forma efectiva hayan sido gravados por el Impuesto sobre la Renta.

Actos que no implican incrementos o disminuciones

a) Supuestos de división de cosa común (por ejemplo, partición de un terreno entre sus cotitulares).
b) La disolución de sociedades de gananciales o extinción del régimen de participación de los cónyuges.
c) Disolución de las comunidades de bienes o separación de los comuneros.

Todos estos supuestos no constituyen IDP, sino simplemente una distribución entre los titulares de los bienes que ya les pertenecen.

Actos que no se consideran disminuciones

No se consideran disminuciones patrimoniales las siguientes:

a) El consumo efectuado por el sujeto pasivo o por cualquier miembro de la unidad familiar.
b) Las donaciones o liberalidades.
c) Las pérdidas que procedan del trabajo del capital y de las actividades empresariales profesionales o artísticas.
d) Las pérdidas sufridas en el juego.
e) Cualquier tipo de pérdidas si no está justificada.

Exención por reinversión

Están excluidos de gravamen los incrementos de patrimonio obtenidos por la transmisión de la vivienda habitual del sujeto pasivo, siempre que el importe total de la misma se reinvierta en la adquisición de una nueva. A estos efectos la rehabilitación de una vivienda se considera equivalente a adquirir una nueva.

Para estar exenta, esa reinversión debe efectuarse en el plazo máximo de dos años, de una sola vez o sucesivamente. Este plazo de dos años no se tiene en cuenta si la vivienda anterior se ha vendido a plazos siempre que el importe cobrado en cada uno de estos se destine a la adquisición o rehabilitación de la nueva.

Cuando el importe reinvertido sea inferior al total de lo percibido en la transmisión, únicamente se excluirá de la tributación la parte proporcional del incremento de patrimonio obtenido que corresponda a la cantidad reinvertida.

Importe de los incrementos o disminuciones. Norma general

El importe de los incrementos o disminuciones de patrimonio es:

- — en el supuesto de transmisión onerosa o lucrativa, la diferencia entre los valores de adquisición y de transmisión de los elementos patrimoniales;
- — en los demás supuestos, el valor de adquisición de los elementos patrimoniales, en su caso.

Cuando los incrementos de patrimonio procedan de la transmisión de bienes o derechos adquiridos dos años antes de la fecha de aquella o de derechos de suscripción que procedan de valores adquiridos con la misma antelación, su importe debe determinarse según las siguientes reglas, siempre que los elementos patrimoniales se hayan transmitido entre el 1 de enero y el 31de diciembre de 1996:

- — debe tomarse como periodo de permanencia en el patrimonio del sujeto pasivo el número de años que media entre la adquisición y la transmisión redondeado por exceso;

— con carácter general el incremento se reducirá en un 14,28 % por cada año de permanencia que exceda de dos. Si el periodo de permanencia es superior a 8 años, la variación patrimonial queda exenta;
— si se trata de acciones que coticen en Bolsa (excepto las de Sociedades de Inversión Mobiliaria), el incremento patrimonial se reducirá en un 25 % por cada año de permanencia que exceda de dos. Si el periodo de permanencia es superior a 5 años, la variación patrimonial queda exenta;
— si se trata de bienes inmuebles o derechos sobre los mismos, el incremento o disminución patrimonial se reducirá en un 11,11 % por cada año de permanencia que exceda de dos. Si el periodo de permanencia es superior a 10 años, la variación patrimonial está exenta;
— si se han efectuado mejoras en los elementos patrimoniales transmitidos se distinguirá la parte del valor de enajenación que corresponda a cada componente del mismo, a efectos de aplicar las normas anteriores.

Para los elementos patrimoniales transmitidos a partir del 1 de enero de 1997 véase el Real Decreto Ley 7/1996, de 7 de junio, B.O.E. 8-VI-96, artículo 13. 2.

Valores de adquisición y transmisión

El valor de adquisición de un elemento patrimonial está formado por la suma de:

— el importe real por el que dicha adquisición se haya efectuado o, en su caso, el que corresponda según las reglas que se explicarán en el epígrafe siguiente;
— el coste de las inversiones y mejoras efectuadas en los bienes adquiridos y los gastos y tributos inherentes a la transmisión, excluidos los intereses, que hayan sido satisfechos por el adquiriente.

Este valor disminuirá, si procede, en el importe de las amortizaciones practicadas reglamentariamente, conmutándose, en todo caso, la amortización mínima.

El valor de la transmisión será el importe real por el que la enajenación se haya efectuado o, en su caso, el que corresponda según las reglas del epígrafe siguiente. De este valor se deducirán los gastos y tributos (excepto el Impuesto Municipal de plusvalías) en la medida en que hayan sido satisfechos por el transmitente.

Cuando la adquisición o la transmisión se haya hecho a título lucrativo, los valores respectivos serán los que corresponderían aplicando las normas del Impuesto sobre Sucesiones y Donaciones.

Normas especiales: valores mobiliarios

Cuando la alteración del patrimonio proceda de la transmisión, a título oneroso, de valores que coticen en Bolsa, el incremento o disminución se calculará por la diferencia entre su valor de adquisición y el de su transmisión, según su cotización oficial o por el precio pactado si es superior a aquel.

Para determinar el valor de adquisición, se deducirá el importe de los derechos de suscripción enajenados. No obstante, si el importe obtenido en la transmisión de los derechos de suscripción, llega a ser superior al valor de adquisición de los valores de los que procedan, la diferencia tendrá la consideración de incremento de patrimonio por el transmitente, en el periodo impositivo en el que se lleve a cabo la transmisión.

Cuando se trate de acciones total o parcialmente liberadas, su valor de adquisición será el importe pagado por el sujeto pasivo.

Si se trata de valores que no coticen en Bolsa, si el importe pagado para su adquisición es equivalente a su valor de mercado, se tendrá en cuenta este. Pero si no puede demostrarse tal cosa, el valor de transmisión será el mayor de los dos siguientes:

— el teórico resultante del último balance aprobado;
— el que resulte de capitalizar al 12,5 % el promedio de los beneficios obtenidos en los tres ejercicios anteriores. (Se consideran

beneficios tanto los dividendos como los fondos asignados a reservas, excepto los de regularización o actuación de balances).

El importe obtenido por la transmisión de los derechos de suscripción procedentes de estos valores, tiene la consideración de incremento de patrimonio para el transmitente en el periodo impositivo en el que se produzca dicha transmisión. Y también, si se trata de acciones total o parcialmente liberadas, su valor de adquisición será el que haya pagado el sujeto pasivo.

Si la alteración patrimonial es consecuencia de la transmisión de acciones y otras participaciones en el capital de sociedades transparentes, su valor de adquisición y de titularidad se considera integrado por:

— el precio pagado por su adquisición;
— el importe de los beneficios sociales que, sin efectiva distribución, hubiesen sido imputados a los socios como rendimientos de sus acciones o participaciones en el periodo de tiempo comprendido entre su adquisición y su enajenación.

En el caso de sociedades de mera tenencia de bienes, el valor de la transmisión a computar será, como mínimo, el teórico resultante del último balance aprobado, una vez sustituido el valor neto contable de los inmuebles por el valor que tendrían a efectos del Impuesto sobre el Patrimonio.

Cuando la variación del patrimonio derive de las aportaciones no dinerarias a sociedades, el incremento o disminución se debe determinar por la diferencia entre el valor de adquisición de los bienes o derechos aportados y la mayor de las siguientes cantidades:

— el valor nominal de las acciones o participaciones sociales recibidas por la aportación o, en su caso, la parte correspondiente del mismo añadiéndole, si existen, el importe de las primas de emisión;
— el valor que figure en el informe de los expertos nombrados por el registrador mercantil;

— el valor de cotización de los títulos recibidos en el día en que se formalice la aportación o el inmediato anterior;
— la valoración de los bienes aportados según las normas del Impuesto sobre el Patrimonio.

En los casos en que la alteración del patrimonio proviene de la separación de los socios o la disolución de sociedades, se considerará como aumento o disminución la diferencia entre el valor de la cuota de liquidación social o el de los bienes recibidos a consecuencia de la separación, y el valor de adquisición del título o participación social que corresponda. Cuando se produzca la escisión, fusión o absorción de sociedades, el incremento o disminución patrimonial se computará por la diferencia entre el valor de adquisición de los títulos, derechos o valores representativos de la participación del socio y el valor de los títulos, numerario o derechos que reciba.

Por último, si la variación del patrimonio está originada por la transmisión, amortización, canje o conversión de valores calificados como de rendimiento explícito, representativos de la cesión a terceros de capitales propios (obligaciones, bonos, etc.), se considerará incremento o disminución la diferencia entre el valor de transmisión, amortización, canje o conversión de los mismos y su valor de adquisición. Como valor de canje o de conversión se ha de tomar el de los valores que se reciban.

Otras normas específicas

Cuando la alteración del patrimonio proceda:

— de un traspaso: el incremento patrimonial se computará al cedente en el importe que le corresponda en el traspaso;
— de indemnizaciones o capitales asegurados por pérdidas o siniestros en elementos patrimoniales: se computarán como incremento o disminución patrimonial la diferencia entre la cantidad percibida y la parte proporcional del valor de adquisición que corresponda al daño. Pero si el elemento patrimonial siniestrado es la vivienda habitual, la indemnización quedará exenta si se rein-

vierte en la adquisición o rehabilitación de otra, en un plazo de dos años;

— de contratos de seguros de vida o invalidez, conjunta o separadamente, con capital diferido: el incremento o disminución patrimonial vendrá determinado por la diferencia entre la cantidad que se perciba y el importe de las primas satisfechas;

— de la permuta de bienes o derechos: el incremento o disminución patrimonial será la diferencia entre el valor de adquisición del bien o derecho que se cede y el valor de mercado del bien o derecho que se recibe a cambio;

— de la extinción de rentas vitalicias o temporales: el incremento o disminución del patrimonio será para el obligado al pago de aquellas, la diferencia entre el valor de adquisición del capital recibido y la suma de las rentas que hayan satisfecho.

RESUMEN

La base imponible del impuesto sobre la renta está formada por la suma de los rendimientos de trabajo, los rendimientos de capital, mobiliarios e inmobiliarios, los rendimientos de actividades empresariales, profesionales y artísticas, y los incrementos o disminuciones de patrimonio.

En cada uno de los distintos conceptos, el rendimiento neto es la diferencia entre los ingresos íntegros y los gastos que son fiscalmente deducibles.

La suma de los distintos rendimientos netos forman la base imponible a la cual se le aplicará el tipo correspondiente.

RÉGIMEN DE DETERMINACIÓN DE LA BASE IMPONIBLE

Métodos para la determinación de la base

La cuantía de los distintos componentes que establecen la base imponible se puede determinar por alguno de los métodos que se citan a continuación:

a) Estimación directa, que se aplica como régimen general.

Consiste en el cálculo de las rentas efectivamente percibidas por el sujeto pasivo, en concepto de rendimientos netos del trabajo, del capital, de incrementos y disminuciones del patrimonio e imputación de rentas de sociedades en régimen de transparencia fiscal, o sólo de alguno o algunos de tales conceptos.

b) Estimación objetiva para determinados rendimientos empresariales y profesionales.

Aplicable a los sujetos pasivos que reúnan las circunstancias reglamentariamente establecidas, salvo que renuncien al mismo con anterioridad del inicio del periodo impositivo durante el mes de diciembre.

c) Estimación indirecta. Este método se basa, de acuerdo con la Ley General Tributaria, en los signos, índices, módulos, o coeficientes establecidos para la estimación objetiva, y se aplica a los sujetos pasivos que hayan renunciado a ese régimen.

Estimación objetiva (EO)

El método de estimación objetiva tiene por objeto la determinación de los rendimientos netos de las pequeñas y medianas empresas y de los profesionales, en relación con las actividades comprendidas en su ámbito de aplicación y durante los periodos impositivos en que sea aplicable. Este método tiene dos modalidades:

— la EO por signos, índices o módulos;
— la EO por coeficientes.

La EO por signos, índices o módulos es la única aplicable a aquellas actividades empresariales que determine el Ministerio de Economía y Hacienda. En cuanto a la modalidad de EO por coeficientes, es de aplicación a los sujetos pasivos que desarrollen las siguientes actividades:

— empresariales no incluidas en las órdenes ministeriales que regulen la aplicación de la modalidad de EO por signos, índices o módulos, cuyo número de trabajadores en plantilla no exceda de 12 (en cualquier día del ejercicio) y cuyo volumen anual de operaciones no sea superior a 50 millones de pesetas;
— profesionales que no cuenten con personal asalariado y cuyo volumen de ingresos no supere los 5 millones de pesetas.

Estimación objetiva por signos, índices o módulos

Esta modalidad se aplica respecto de cada actividad, aisladamente considerada, que se contemple en las órdenes ministeriales que, al efecto, dicte el Ministerio de Economía y Hacienda. Hasta el momento, se aplica esta modalidad a los taxistas, farmacéuticos, y titulares de restaurantes (de uno y dos tenedores), cafeterías, bares, pubs, clubs, supermercados (de superficie inferior a 400 m^2) y comercios de alimentación, pescado, carne, frutas y verduras. (Véanse los cuadros incluidos al final de este capítulo.)

El sujeto pasivo debe determinar el rendimiento neto correspondiente a su actividad empresarial, aplicándole los signos, índices o módulos establecidos en la orden ministerial que la regula, pudiendo reducirlo en un 15 %. En los casos en que la actividad empresarial se inicie después del 1 de enero, o cese antes del 31 de diciembre, dichos signos, índices o módulos se aplicarán proporcionalmente al periodo de tiempo en que efectivamente se haya ejercido. Pero esta norma no se aplica a las actividades de temporada, a las que se aplican las correcciones establecidas en sus correspondientes órdenes ministeriales.

Cuando el desarrollo de dichas actividades se viera afectado por incendios, inundaciones, hundimientos, averías graves u otras circunstancias extraordinarias que supongan graves alteraciones en su desarrollo o impliquen gastos excepcionales, los interesados pueden solicitar a Hacienda que reduzca los signos, índices o módulos correspondientes. Para ello disponen de un plazo de 30 días, y pueden aportar las pruebas que estimen oportunas. Si tales catástrofes afectan a un sector y/o una zona determinados, el Ministerio de Economía y Hacienda puede aprobar una reducción general referida a los mismos.

Estimación objetiva por coeficientes

Esta modalidad de EO se aplica a los profesionales y empresarios que reúnan los requisitos de plantilla y volumen anual de ventas o ingresos que se han mencionado anteriormente.

A tales efectos, se tendrán en cuenta la totalidad de los ingresos o volumen de operaciones y el número de trabajadores en el ejercicio inmediatamente anterior. Si ese hubiese sido el del comienzo de la actividad, el importe del volumen de ventas habidas en el mismo se elevará al año. En el primer año de ejercicio sólo se tendrá en cuenta el número de trabajadores con que cuente la plantilla al iniciar las actividades.

Los que perciban sus retribuciones por peonadas o jornales diarios, sin relación laboral permanente con el sujeto pasivo, no tienen la consideración de trabajadores de plantilla. Tampoco la tienen las tripulaciones de los armadores de embarcaciones, en pesca de bajura y costera, con retribuciones exclusivamente «a la parte», ni el titular de la actividad.

En cuanto a la determinación de las operaciones económicas incluidas en cada actividad, deberá efectuarse de acuerdo con las normas del Impuesto sobre Actividades Económicas, en la medida en que resulten aplicables.

Dicho esto, el rendimiento neto se obtiene restando del importe total del volumen de ventas, operaciones o ingresos correspondientes, los siguientes gastos habidos durante el ejercicio:

a) Coste de personal (incluidas las retribuciones del cónyuge e hijos del titular si se acreditan mediante el correspondiente contrato de trabajo y no son superiores a las de mercado, según su cualificación y trabajo desempeñado, y la Seguridad Social del titular).
b) Compras de mercancías y demás bienes adquiridos para revenderlos, o materias primas y productos semi-elaborados, más los gastos accesorios de compra y venta, transportes, fletes, seguros, agentes mediadores, etc. No se computará como gasto el importe de la compra de los bienes que formen o deban formar parte del patrimonio del sujeto pasivo el último día del periodo impositivo. Las compras deben reducirse, en su caso, en el importe de los descuentos obtenidos.
c) Consumo de energía y agua (para instalaciones y elementos de transporte).
d) Alquileres de los locales y canon arrendaticio de explotaciones agrícolas, ganaderas o mineras. No se puede deducir la parte de la cuota de arrendamiento financiero *(leasing)* que corresponda a la recuperación del coste del bien.
e) Intereses de capitales ajenos y demás gastos financieros, y primas o cuotas de seguros.
f) Tributos no estatales satisfechos en razón del desarrollo de la actividad o por la titularidad de los elementos patrimoniales afectos a ella.
g) Reparaciones, conservación y trabajos realizados por otras empresas que tengan relación directa con el desarrollo de la actividad.

De la cantidad positiva que resulta después de restar los gastos anteriores, se debe deducir el resultado de aplicarse a la misma los siguientes porcentajes:

— el 20 % en las actividades de fabricación, mineras y de construcción;
— el 15 % en las actividades comerciales, de prestación de servicios, agrícolas, ganaderas, forestales y pesqueras;
— el 10 % en las actividades profesionales.

Por último cabe señalar que también pueden deducirse los gastos extraordinarios, ajenos al normal desarrollo de la actividad debido a incendios, inundaciones, hundimientos y otras circunstancias excepcionales. Para ello, el sujeto pasivo deberá ponerlo en conocimiento del órgano competente en el plazo de 30 días, aportando la justificación correspondiente.

Si el sujeto pasivo desarrolla varias actividades empresariales y/o profesionales, los límites para la aplicación de esta modalidad de EO se calcularán de la siguiente forma:

a) Si en el ejercicio de alguna de las actividades empresariales se estuviera acogido a la modalidad de signos, índices o módulos, estos no se tomarán en cuenta al computar la plantilla y el volumen de ventas.
b) Si se desarrollan varias actividades empresariales, los límites del volumen de operaciones y número de operarios serán los del conjunto de todas ellas.
c) Si se desarrollan varias actividades profesionales, también será el del conjunto de todas el límite de ingresos.
d) Si se desarrollan actividades empresariales y profesionales a la vez, los límites deben calcularse por separado, respecto al conjunto de una y otras.

Renuncia a la estimación objetiva

La renuncia al método de la estimación objetiva deberá efectuarse durante el mes de diciembre anterior al inicio del año natural en que deba surtir efecto. La renuncia se entenderá prorrogada tácitamente para cada uno de los años siguientes, pero puede revocarse en el mes de diciembre para el año siguiente. En la modalidad de EO por signos, índices o módulos, la renuncia tiene efectos para un periodo mínimo de tres años.

Tanto la renuncia como su revocación deben efectuarse de conformidad con las normas reguladoras de las declaraciones censales (modelo 036 o el simplificado 037) que han de prestar, a efectos fiscales, los empresarios y profesionales. En la modalidad de coeficientes la renuncia a la EO puede efectuarse para el conjunto de las actividades empresariales o profesionales.

Relación de actividades empresariales a las que se aplica la EO por signos, índices o módulos, para I.R.P.F. e I.V.A. en régimen simplificado

Grupo o epígrafe del Impuesto sobre Actividades Económicas	Actividad económica
División 0.	Ganadería independiente. — Servicios de cría, guarda y engorde de ganado. — Otros trabajos y servicios accesorios prestados por agricultores o ganaderos que estén excluidos del régimen especial de la agricultura, ganadería y pesca del Impuesto sobre el Valor Añadido. — Aprovechamientos que correspondan al cedente en las actividades agrícolas desarrolladas en régimen de aparcería.
314 y 315	Carpintería metálica y fabricación de estructuras metálicas y calderería.
316.2, 3, 4 y 9	Fabricación de artículos de ferretería, cerrajería, tornillería, derivados del alambre, menaje y otros artículos en metales n.c.o.p. (no comprendidos en otros puntos).

(continuación)

Grupo o epígrafe del Impuesto sobre Actividades Económicas	Actividad económica
419.1	Industrias del pan y de la bollería.
419.2	Industrias de la bollería, pastelería y galletas.
419.3	Industrias de elaboración de masas fritas.
423.9	Elaboración de patatas fritas, palomitas de maíz y similares.
453	Confección en serie de prendas de vestir y sus complementos.
463	Fabricación en serie de piezas de carpintería, parqué y estructuras de madera para la construcción.
468	Industrias del mueble de madera.
474.1	Impresión de textos o imágenes.
501.1 y 2	Construcción completa, reparación y conservación de edificaciones y obras civiles.
501.3	Albañilería y pequeños trabajos de construcción en general.
502, 503.1, 2 y 3	Consolidación y preparación de terrenos, demoliciones, perforaciones para alumbramiento de aguas, cimentaciones y pavimentaciones. Preparación y montaje de estructuras y cubiertas y cubriciones en edificaciones y obras civiles. Montaje e instalación de estructuras metálicas para transportes, puertos, obras hidráulicas, puentes, postes y torres metálicas, carriles, etc.
504.1	Instalaciones y montajes (excepto fontanería, frío, calor y acondicionamiento de aire).
504.2 y 3	Instalaciones de fontanería, frío, calor y acondicionamiento de aire.
504.4, 5, 6, 7 y 8	Instalación de pararrayos y similares. Montaje e instalación de cocina de todo tipo y clase, con todos sus accesorios. Montaje e instalación de aparatos elevadores de cualquier clase y tipo. Instalaciones telefó-

(continuación)

Grupo o epígrafe del Impuesto sobre Actividades Económicas	Actividad económica
	nicas, telegráficas, telegráficas sin hilos y de televisión, en edificios y construcciones de cualquier clase. Montajes metálicos e instalaciones industriales completas, sin vender ni aportar la maquinaria ni los elementos objeto de la instalación o montaje.
505.1, 2, 3 y 4	Revestimientos, solados y pavimentos y colocación de aislamientos.
505.5	Carpintería y cerrajería.
505.6	Pintura, trabajos en yeso y escayola y terminación y decoración de edificios y locales.
506 y 507	Servicios auxiliares de la construcción y dragados. Construcción, reparación y conservación de toda clase de obras.
642.1, 2 y 3	Elaboración de productos de charcutería por minoristas de carne.
644.1	Comercio al por menor de pan, pastelería, confitería y similares y de leche y productos lácteos.
644.2	Despachos de pan, panes especiales y bollería.
644.3	Comercio al por menor de productos de pastelería, bollería y confitería.
644.6	Comercio al por menor de masas fritas, con o sin coberturas o rellenos, patatas fritas, productos de aperitivo, frutos secos, golosinas, preparados de chocolate y bebidas refrescantes.
653.2	Comercio al por menor de material y aparatos eléctricos, electrónicos, electrodomésticos y otros aparatos de uso doméstico accionados por otro tipo de energía distinta de la eléctrica, así como muebles de cocina.
653.4 y 5	Comercio al por menor de materiales de construcción, artículos y mobiliario de saneamiento, puestas, ventanas, persianas, etc.

(continuación)

Grupo o epígrafe del Impuesto sobre Actividades Económicas	Actividad económica
654.2	Comercio al por menor de accesorios y piezas de recambio para vehículos terrestres.
654.5	Comercio al por menor de toda clase de maquinaria (excepto aparatos del hogar, de oficina, médicos, ortopédicos, ópticos y fotográficos).
654.6	Comercio al por menor de cubiertas, bandas y bandajes y cámaras de aire para toda clase de vehículos, excepto las actividades de comercio al por mayor de los artículos citados.
659.3	Comerciantes minoristas matriculados en el epígrafe 659.3 por el servicio de recogida de negativos y otro material fotográfico impresionado para su procesado en laboratorio de terceros y la entrega de las correspondientes copias y ampliaciones.
663.1	Comercio al por menor fuera de un establecimiento comercial permanente dedicado exclusivamente a la comercialización de masas fritas, con o sin coberturas o rellenos, patatas fritas, productos de aperitivo, frutos secos, golosinas, preparación de chocolate y bebidas refrescantes y facultado para la elaboración de los productos propios de churrería y patatas fritas en la propia instalación o vehículo.
671.4	Restaurantes de dos tenedores.
671.5	Restaurantes de un tenedor.
672.1, 2 y 3	Cafeterías.
673.1	Cafés y bares de categoría especial.
673.2	Otros cafés y bares.
675	Servicios en quioscos, cajones, barracas u otros locales análogos.
676	Servicios en chocolaterías, heladerías y horchaterías.

(continuación)

Grupo o epígrafe del Impuesto sobre Actividades Económicas	Actividad económica
681	Servicio de hospedaje en hoteles y moteles de dos y una estrella.
682	Servicio de hospedaje en hoteles y pensiones.
683	Servicio de hospedaje en fondas y casas de huéspedes.
684	Servicio de hospedaje en hoteles-apartamentos.
691.1	Reparación de artículos eléctricos para el hogar.
691.2	Reparación de vehículos automóviles, bicicletas y otros vehículos.
691.9	Reparación de calzado.
691.9	Reparación de otros bienes de consumo n.c.o.p. (excepto reparación de calzado, restauración de obras de arte, muebles, antigüedades e instrumentos musicales).
692	Reparación de maquinaria industrial.
699	Otras reparaciones n.c.o.p.
721.1 y 3	Transporte urbano colectivo y de viajeros por carretera.
721.2	Transporte por autotaxis.
722	Transporte de mercancías por carretera.
751.5	Engrase y lavado de vehículos.
757	Servicios de mudanzas.
933.1	Enseñanza de conducción de vehículos terrestres, acuáticos, aeronáuticos, etc.
933.9	Otras actividades de enseñanza, tales como idiomas, corte y confección, mecanografía, taquigrafía, preparación de exámenes y oposiciones y similares n.c.o.p.
967.2	Escuelas y servicios de perfeccionamiento del deporte.
971.1	Tinte, limpieza en seco, lavado y planchado de ropas hechas y de prendas y artículos del hogar usados.

(continuación)

Grupo o epígrafe del Impuesto sobre Actividades Económicas	Actividad económica
972.1	Servicio de peluquería de señora y caballero.
972.2	Salones e instituto de belleza.
973.3	Servicios de copias de documentos con máquinas fotocopiadoras.

También se aplica a los siguientes, para la Renta de las Personas Físicas:

Grupo o epígrafe del Impuesto sobre Actividades Económicas	Actividad económica
—	Agrícola o ganadera susceptible de estar incluida en el régimen especial de la agricultura, ganadería y pesca del Impuesto sobre el Valor Añadido.
641	Comercio al por menor de frutas, verduras, hortalizas y tubérculos.
642.1, 2, 3 y 4	Comercio al por menor de carnes y despojos; de productos y derivados cárnicos elaborados, salvo casquerías.
642.5	Comercio al por menor de huevos, aves, conejos de granja, caza; y de productos derivados de los mismos.
642.6	Comercio al por menor, en casquerías, de vísceras y despojos procedentes de animales de abasto, frescos y congelados.
643.1 y 2	Comercio al por menor de pescados y otros productos de la pesca y de la agricultura, y de caracoles.
644.1	Comercio al por menor de pan, pastelería, confitería y similares y de leche y productos lácteos.

(continuación)

Grupo o epígrafe del Impuesto sobre Actividades Económicas	Actividad económica
644.2.	Despachos de pan, panes especiales y bollería.
644.3	Comercio al por menor de productos de pastelería, bollería y confitería.
644.6	Comercio al por menor de masas fritas, con o sin coberturas o rellenos, patatas fritas, productos de aperitivo, frutos secos, golosinas, preparados de chocolate y bebidas refrescantes.
647.1	Comercio al por menor de cualquier clase de productos alimenticios y de bebidas en establecimientos con vendedor.
647.2 y 3	Comercio al por menor de cualquier clase de productos alimenticios y bebidas en régimen de autoservicio o mixto en establecimientos cuya sala de ventas tenga una superficie inferior a 400 metros cuadrados.
651.1	Comercio al por menor de productos textiles, confecciones para el hogar, alfombras y similares y artículos de tapicería.
651.2	Comercio al por menor de toda clase de prendas para el vestido y tocado.
651.3 y 5	Comercio al por menor de lencería, corsetería y prendas especiales.
651.4	Comercio al por menor de artículos de mercería y paquetería.
651.6	Comercio al por menor de calzado, artículos de piel e imitación o productos sustitutivos, cinturones, carteras, bolsos, maletas y artículos de viaje en general.
652.2 y 3	Comercio al por menor de productos de droguería, perfumería y cosmética, limpieza, pinturas, barnices, disolventes, papeles y otros productos para la decoración, químicos, y otros para la higiene y el aseo personal.

(continuación)

Grupo o epígrafe del Impuesto sobre Actividades Económicas	Actividad económica
653.1	Comercio al por menor de muebles.
653.2	Comercio al por menor de material y aparatos eléctricos, electrónicos, electrodomésticos y otros aparatos de uso doméstico accionados por otro tipo de energía distinta de la eléctrica, así como muebles de cocina.
653.3	Comercio al por menor de artículos de menaje, ferretería, adorno, regalo, o reclamo (incluyendo bisutería y pequeños electrodomésticos).
653.9	Comercio al por menor de otros artículos para el equipamiento del hogar n.c.o.p.
659.2	Comercio al por menor de muebles de oficina y de máquinas y equipos de oficina.
659.3	Comercio al por menor de aparatos e instrumentos médicos, ortopédicos, ópticos y fotográficos.
659.4	Comercio al por menor de libros, periódicos, artículos de papelería y escritorio y artículos de dibujo y bellas artes, excepto en quioscos situados en la vía pública.
659.4	Comercio al por menor de prensa, revistas y libros en quioscos situados en la vía pública.
659.6	Comercio al por menor de juguetes, artículos de deporte, prendas deportivas de vestido, calzado y tocado, armas, cartuchería y artículos de pirotecnia.
659.7	Comercio al por menor de semillas, abonos, flores y plantas y pequeños animales.
662.2	Comercio al por menor de toda clase de artículos, incluyendo alimentación y bebidas, en establecimientos distintos de los especificados en el grupo 661 y en el epígrafe 662.1.

(continuación)

Grupo o epígrafe del Impuesto sobre Actividades Económicas	Actividad económica
663.1	Comercio al por menor fuera de un establecimiento comercial permanente de productos alimenticios, incluso bebidas y helados.
663.2	Comercio al por menor fuera de un establecimiento comercial permanente de artículos textiles y de confección.
663.3	Comercio al por menor fuera de un establecimiento comercial permanente de calzado, pieles y artículos de cuero.
663.4	Comercio al por menor fuera de un establecimiento comercial permanente de artículos de droguería y cosméticos y de productos químicos en general.
663.9	Comercio al por menor fuera de un establecimiento comercial permanente de otras clases de mercancías n.c.o.p., excepto cuando tengan por objeto artículos o productos a los que no sea de aplicación el régimen especial del recargo de equivalencia del Impuesto sobre el Valor Añadido.

Están excluidas las actividades o sectores de actividad que superen las siguientes magnitudes:

Actividad económica	Magnitud
Carpintería metálica y fabricación de estructuras metálicas y calderería	5 personas empleadas.
Fabricación de artículos de ferretería, cerrajería, tornillería, derivados del alambre, menaje y otros artículos en metales n.c.o.p.	5 personas empleadas.

(continuación)

Actividad económica	Magnitud
Industrias del pan y de la bollería	7 personas empleadas.
Industrias de la bollería, pastelería y galletas	7 personas empleadas.
Industrias de elaboración de masas fritas........	6 personas empleadas.
Elaboración de patatas fritas, palomitas de maíz y similares	6 personas empleadas.
Confección en serie de prendas de vestir y sus complementos.............................	6 personas empleadas.
Fabricación en serie de piezas de carpintería, parqué y estructuras de madera para la construcción	5 personas empleadas.
Industria del mueble de madera................	5 personas empleadas.
Impresión de textos o imágenes................	5 personas empleadas.
Construcción completa, reparación y conservación de edificaciones y obras civiles	6 personas empleadas.
Albañilería y pequeños trabajos de construcción en general	8 personas empleadas.
Consolidación y preparación de terrenos, demoliciones, perforaciones para alumbramiento de aguas, cimentaciones y pavimentaciones. Preparación y montaje de estructuras y cubiertas y cubriciones en edificaciones y obras civiles. Montaje e instalación de estructuras metálicas para transportes, puertos, obras hidráulicas, puentes, postes y torres metálicas, carriles, etc	6 personas empleadas.
Instalaciones y montajes (excepto fontanería, frío, calor y acondicionamiento de aire)	4 personas empleadas.
Instalaciones de fontanería, frío, calor y acondicionamiento de aire	5 personas empleadas.
Instalación de pararrayos y similares. Montaje e instalación de cocinas de todo tipo y clase, con todos sus accesorios. Montaje e instalación de aparatos elevadores de cualquier clase y tipo. Instalaciones telefónicas, telegráficas, telegráficas sin hilos y de televisión, en	

(continuación)

Actividad económica	Magnitud
edificios y construcciones de cualquier clase. Montajes metálicos e instalaciones industriales completas, sin vender ni aportar la maquinaria ni los elementos objeto de la instalación o montaje	4 personas empleadas.
Revestimientos, solados y pavimentos y colocación de aislamientos	5 personas empleadas.
Carpintería y cerrajería	5 personas empleadas.
Pintura, trabajos en yeso y escayola, y terminación y decoración de edificios y locales	4 personas empleadas.
Servicios auxiliares de la construcción y dragados. Construcción, reparación y conservación de toda clase de obras	6 personas empleadas.
Comercio al por menor de frutas, verduras, hortalizas y tubérculos	5 personas empleadas.
Comercio al por menor de carne y despojos; de productos y derivados cárnicos elaborados	5 personas empleadas.
Comercio al por menor de huevos, aves, conejos de granja, caza, y de productos derivados de los mismos	4 personas empleadas.
Comercio al por menor, en casquerías, de vísceras y despojos procedentes de animales de abasto, frescos y congelados	5 personas empleadas.
Comercio al por menor de pescados y otros productos de la pesca y de la acuicultura, y de caracoles	5 personas empleadas.
Comercio al por menor de pan, pastelería, confitería y similares y de leche y productos lácteos.	7 personas empleadas.
Despachos de pan, panes especiales y bollería	7 personas empleadas.
Comercio al por menor de productos de pastelería, bollería y confitería	7 personas empleadas.
Comercio al por menor de masas fritas, con o sin coberturas o rellenos, patatas fritas, productos de aperitivo, frutos secos, golosinas, preparados de chocolate y bebidas refrescantes	6 personas empleadas.

(continuación)

Actividad económica	Magnitud
Comercio al por menor de cualquier clase de productos alimenticios y de bebidas en establecimientos con vendedo	5 personas empleadas.
Comercio al por menor de cualquier clase de productos alimenticios y bebidas en régimen de autoservicio o mixto en establecimientos cuya sala de ventas tenga una superficie inferior a 400 metros cuadrados	4 personas empleadas.
Comercio al por menor de productos textiles, confecciones para el hogar, alfombras y similares y artículos de tapicería	5 personas empleadas.
Comercio al por menor de toda clase de prendas para el vestido y tocado	6 personas empleadas.
Comercio al por menor de lencería, corsetería y prendas especiales	3 personas empleadas.
Comercio al por menor de artículos de mercería y paquetería	5 personas empleadas.
Comercio al por menor de calzado, artículos de piel e imitación o productos sustitutivos, cinturones, carteras, bolsos, maletas y artículos de viaje en general	6 personas empleadas.
Comercio al por menor de productos de droguería, perfumería y cosmética, limpieza, pinturas, barnices, disolventes, papeles y otros productos para la decoración y de productos químicos, y de artículos para la higiene y el aseo personal	4 personas empleadas.
Comercio al por menor de muebles	5 personas empleadas.
Comercio al por menor de material y aparatos eléctricos, electrónicos, electrodomésticos y otros aparatos de uso doméstico accionados por otro tipo de energía distinta de la eléctrica, así como muebles de cocina	3 personas empleadas.

(continuación)

Actividad económica	Magnitud
Comercio al por menor de artículos de menaje, ferretería, adorno, regalo, o reclamo (incluyendo bisutería y pequeños electrodomésticos)	4 personas empleadas.
Comercio al por menor de materiales de construcción, artículos, mobiliario de saneamiento, puertas, ventanas, persianas, etc.	3 personas empleadas.
Comercio al por menor de otros artículos para el equipamiento del hogar n.c.o.p.	3 personas empleadas.
Comercio al por menor de accesorios y piezas de recambio para vehículos terrestres	4 personas empleadas.
Comercio al por menor de toda clase de maquinaria (excepto aparatos del hogar, de oficina, médicos, ortopédicos, ópticos y fotográficos)	3 personas empleadas.
Comercio al por menor de cubiertas bandas o bandajes y cámaras de aire para toda clase de vehículos	4 personas empleadas.
Comercio al por menor de muebles de oficina y de máquinas y equipos de oficina	5 personas empleadas.
Comercio al por menor de aparatos e instrumentos médicos, ortopédicos, ópticos y fotográficos	3 personas empleadas.
Comercio al por menor de libros, periódicos, artículos de papelería y escritorio y artículos de dibujo y bellas artes, excepto en quioscos situados en la vía pública	4 personas empleadas.
Comercio al por menor de prensa, revistas y libros en quioscos situados en la vía pública	3 personas empleadas.
Comercio al por menor de juguetes, artículos de deporte, prendas deportivas de vestido, calzado y tocado, armas, cartuchería y artículos de pirotecnia	4 personas empleadas.
Comercio al por menor de semillas, abonos, flores y plantas y pequeños animales	4 personas empleadas.

(continuación)

Actividad económica	Magnitud
Comercio al por menor de toda clase de artículos, incluyendo alimentación y bebidas, en establecimientos distintos de los especificados en el grupo 661 y en el epígrafe 662.1	3 personas empleadas.
Comercio al por menor fuera de un establecimiento comercial permanente de productos alimenticios, incluso bebidas y helados	2 personas empleadas.
Comercio al por menor fuera de un establecimiento comercial permanente de artículos textiles y de confección	2 personas empleadas.
Comercio al por menor fuera de un establecimiento comercial permanente de calzado, pieles y artículos de cuero	2 personas empleadas.
Comercio al por menor fuera de un establecimiento comercial permanente de artículos de droguería y cosméticos y de productos químicos en general	2 personas empleadas.
Comercio al por menor fuera de un establecimiento comercial permanente de otras clases de mercancías n.c.o.p.	2 personas empleadas.
Restaurantes de dos tenedores	10 personas empleadas.
Restaurantes de un tenedor	10 personas empleadas.
Cafeterías	8 personas empleadas.
Cafés y bares de categoría especial	8 personas empleadas.
Otros cafés y bares	8 personas empleadas.
Servicios en quioscos, cajones, barracas u otros locales análogos	3 personas empleadas.
Servicios en chocolaterías, heladerías y horchaterías	3 personas empleadas.
Servicio de hospedaje en hoteles y moteles de una o dos estrellas	15 personas empleadas.
Servicio de hospedaje en hostales y pensiones	12 personas empleadas.
Servicio de hospedaje en fondas y casas de huéspedes	12 personas empleadas.
Servicio de hospedaje en hoteles-apartamentos	5 personas empleadas.

(continuación)

Actividad económica	Magnitud
Reparación de artículos eléctricos para el hogar	3 personas empleadas.
Reparación de vehículos automóviles, bicicletas y otros vehículos	6 personas empleadas.
Reparación de calzado	2 personas empleadas.
Reparación de otros bienes de consumo n.c.o.p. (excepto reparación de calzado, restauración de obras de arte, muebles, antigüedades e instrumentos musicales)	2 personas empleadas.
Reparación de maquinaria industrial	3 personas empleadas.
Otras reparaciones n.c.o.p.	3 personas empleadas.
Transporte urbano colectivo y de viajeros por carretera	5 vehículos cualquier día del año.
Transporte por autotaxis	3 vehículos cualquier día del año.
Transporte de mercancías por carretera	5 vehículos cualquier día del año.
Engrase y lavado de vehículos	6 personas empleadas.
Servicios de mudanzas	5 vehículos cualquier día del año.
Enseñanza de conducción de vehículos terrestres, acuáticos, aeronáuticos, etc.	5 personas empleadas.
Otras actividades de enseñanza, tales como idiomas, corte y confección, mecanografía, taquigrafía, preparación de exámenes y oposiciones y similares n.c.o.p.	5 personas empleadas.
Escuelas y servicios de perfeccionamiento del deporte	3 personas empleadas.
Tinte, limpieza en seco, lavado y planchado de ropas hechas y de prendas y artículos del hogar usados	5 personas empleadas.
Servicios de peluquería de señora y caballero	9 personas empleadas.
Salones e institutos de belleza	7 personas empleadas.
Servicios de copias de documentos con máquinas fotocopiadoras	5 personas empleadas.

ANEXO: OTRAS ACTIVIDADES

Signos, índices o módulos de la modalidad de signos, índices o módulos del método de estimación objetiva del Impuesto Sobre la Renta de las Personas Físicas

Actividad: Carpintería metálica y fabricación de estructuras metálicas y calderería.
Epígrafe I.A.E.: 314 y 315

Módulo	Definición	Unidad	Rendimiento neto anual por unidad Pesetas
1	Personal asalariado	Persona	517.000
2	Personal no asalariado	Persona	2.470.000
3	Consumo de energía eléctrica	kWh	89
4	Potencia fiscal vehículo	CVF	25.000

Actividad: Fabricación de artículos de ferretería, cerrajería, tornillería, derivados del alambre, menaje y otros artículos fabricados en metal n.c.o.p.
Epígrafe I.A.E.: 316.2, 3, 4 y 9

Módulo	Definición	Unidad	Rendimiento neto anual por unidad Pesetas
1	Personal asalariado	Persona	520.000
2	Personal no asalariado	Persona	2.303.000
3	Consumo de energía eléctrica	kWh	90
4	Potencia fiscal vehículo	CVF	17.300

Actividad: Industrias del pan y de la bollería. Epígrafe I.A.E.: 419.1			
Módulo	Definición	Unidad	Rendimiento neto anual por unidad Pesetas
1	Personal asalariado	Persona	886.000
2	Personal no asalariado	Persona	2.060.000
3	Superficie del local	Metro cuadrado	7.000
4	Superficie del horno	Decímetro cuadrado	910

Actividad: Industrias de la bollería, pastelería y galletas. Epígrafe I.A.E.: 419.2			
Módulo	Definición	Unidad	Rendimiento neto anual por unidad Pesetas
1	Personal asalariado	Persona	906.000
2	Personal no asalariado	Persona	1.836.000
3	Superficie del local	Metro cuadrado	6.200
4	Superficie del horno	Decímetro cuadrado	740

NOTA: El rendimiento neto resultante de la aplicación de los signos o módulos anteriores incluye en su caso, el derivado de la fabricación y comercio al por menor de productos de pastelería salada y platos precocinados, siempre que estas actividades se desarrollen con carácter accesorio a la actividad principal.

Actividad: Industrias de elaboración de masas fritas.
Epígrafe I.A.E.: 419.3

Módulo	Definición	Unidad	Rendimiento neto anual por unidad Pesetas
1	Personal asalariado	Persona	596.000
2	Personal no asalariado	Persona	1.728.000
3	Superficie del local	Metro cuadrado	3.600

Actividad: Elaboración de patatas fritas, palomitas de maíz y similares.
Epígrafe I.A.E.: 423.9

Módulo	Definición	Unidad	Rendimiento neto anual por unidad Pesetas
1	Personal asalariado	Persona	596.000
2	Personal no asalariado	Persona	2.003.000
3	Superficie del local	Metro cuadrado	3.600

Actividad: Confección en serie de prendas de vestir y sus complementos.
Epígrafe I.A.E.: 453

Módulo	Definición	Unidad	Rendimiento neto anual por unidad Pesetas
1	Personal asalariado	Persona	491.000
2	Personal no asalariado	Persona	1.987.000
3	Consumo de energía eléctrica	kWh	180
4	Potencia fiscal vehículo	CVF	77.000

Actividad: Fabricación en serie de piezas de carpintería, parqué y estructuras de madera para la construcción.
Epígrafe I.A.E.: 463

Módulo	Definición	Unidad	Rendimiento neto anual por unidad Pesetas
1	Personal asalariado	Persona	580.000
2	Personal no asalariado	Persona	2.652.000
3	Consumo de energía eléctrica	kWh	93

Actividad: Industria del mueble de madera.
Epígrafe I.A.E.: 468

Módulo	Definición	Unidad	Rendimiento neto anual por unidad Pesetas
1	Personal asalariado	Persona	431.000
2	Personal no asalariado	Persona	2.385.000
3	Consumo de energía eléctrica	kWh	73

Actividad: Impresión de textos o imágenes.
Epígrafe I.A.E.: 474.1

Módulo	Definición	Unidad	Rendimiento neto anual por unidad Pesetas
1	Personal asalariado	Persona	666.000
2	Personal no asalariado	Persona	2.753.000
3	Potencia eléctrica	Kw contratado	62.000
4	Potencia fiscal vehículo	CVF	88.000

Actividad: Construcción completa, reparación y conservación de edificaciones y obras civiles. Epígrafe I.A.E.: 501.1 y 2			
Módulo	Definición	Unidad	Rendimiento neto anual por unidad Pesetas
1	Personal asalariado	Persona	769.000
2	Personal no asalariado	Persona	3.799.000
3	Superficie del local	Metro cuadrado	2.300
4	Potencia fiscal vehículo	CVF	36.000

Actividad: Albañilería y pequeños trabajos de construcción en general. Epígrafe I.A.E.: 501.3			
Módulo	Definición	Unidad	Rendimiento neto anual por unidad Pesetas
1	Personal asalariado	Persona	537.000
2	Personal no asalariado	Persona	2.655.000
3	Superficie del local	Metro cuadrado	7.100
4	Potencia fiscal vehículo	CVF	30.000

Actividad: Consolidación y preparación de terrenos, demoliciones, perforaciones para alumbramiento de aguas, cimentaciones y pavimentaciones. Preparación y montaje de estructuras y cubiertas y cubriciones en edificaciones y obras civiles. Montaje e instalación de estructuras metálicas para transportes, puertos, obras hidráulicas, puentes, postes y torres metálicas, carriles, etc.

Epígrafe I.A.E.: 502; 503.1, 2 y 3

Módulo	Definición	Unidad	Rendimiento neto anual por unidad Pesetas
1	Personal asalariado	Persona	769.000
2	Personal no asalariado	Persona	3.799.000
3	Superficie del local	Metro cuadrado	2.300
4	Potencia fiscal vehículo	CVF	36.000

Actividad: Instalaciones y montajes (excepto fontanería, frío, calor y acondicionamiento de aire).

Epígrafe I.A.E.: 504.1

Módulo	Definición	Unidad	Rendimiento neto anual por unidad Pesetas
1	Personal asalariado	Persona	968.000
2	Personal no asalariado	Persona	3.071.000
3	Consumo de energía eléctrica	kWh	100
4	Potencia fiscal vehículo	CVF	20.000

Actividad: Instalaciones de fontanería, frío, calor y acondicionamiento de aire.
Epígrafe I.A.E.: 504.2 y 3

Módulo	Definición	Unidad	Rendimiento neto anual por unidad Pesetas
1	Personal asalariado	Persona	1.235.000
2	Personal no asalariado	Persona	3.354.000
3	Consumo de energía eléctrica	kWh	210
4	Potencia fiscal vehículo	CVF	21.000

Actividad: Instalación de pararrayos y similares. Montaje e instalación de cocinas de todo tipo y clase, con todos sus accesorios. Montaje e instalación de aparatos elevadores de cualquier clase y tipo. Instalaciones telefónicas, telegráficas, telegráficas sin hilos y de televisión, en edificios y construcciones de cualquier clase. Montajes metálicos e instalaciones industriales completas, sin vender ni aportar la maquinaria ni los elementos objeto de la instalación o montaje.
Epígrafe I.A.E.: 504.4, 5, 6 , 7 y 8

Módulo	Definición	Unidad	Rendimiento neto anual por unidad Pesetas
1	Personal asalariado	Persona	968.000
2	Personal no asalariado	Persona	3.071.000
3	Consumo de energía eléctrica	kWh	100
4	Potencia fiscal vehículo	CVF	20.000

Actividad: Revestimientos, solados y pavimentos y colocación de aislamientos.
Epígrafe I.A.E.: 505.1, 2, 3 y 4

Módulo	Definición	Unidad	Rendimiento neto anual por unidad Pesetas
1	Personal asalariado	Persona	619.000
2	Personal no asalariado	Persona	3.058.000
3	Superficie del local	Metro cuadrado	3.200
4	Potencia fiscal vehículo	CVF	37.000

Actividad: Carpintería y cerrajería.
Epígrafe I.A.E.: 505.5

Módulo	Definición	Unidad	Rendimiento neto anual por unidad Pesetas
1	Personal asalariado	Persona	996.000
2	Personal no asalariado	Persona	2.853.000
3	Potencia fiscal vehículo	CVF	22.000

Actividad: Pintura, trabajos en yeso y escayola y terminación y decoración de edificios y locales.
Epígrafe I.A.E.: 505.6

Módulo	Definición	Unidad	Rendimiento neto anual por unidad Pesetas
1	Personal asalariado	Persona	912.000
2	Personal no asalariado	Persona	2.670.000
3	Potencia fiscal vehículo	CVF	22.000

Actividad: Servicios auxiliares de la construcción y dragados. Construcción, reparación y conservación de toda clase de obras.
Epígrafe I.A.E.: 506 y 507.

Módulo	Definición	Unidad	Rendimiento neto anual por unidad Pesetas
1	Personal asalariado	Persona	769.000
2	Personal no asalariado	Persona	3.799.000
3	Superficie del local	Metro cuadrado	2.300
4	Potencia fiscal vehículo	CVF	36.000

Actividad: Comercio al por menor de frutas, verduras, hortalizas y tubérculos.
Epígrafe I.A.E.: 641

Módulo	Definición	Unidad	Rendimiento neto anual por unidad Pesetas
1	Personal asalariado	Persona	349.000
2	Personal no asalariado	Persona	1.548.000
3	Superficie del local independiente	Metro cuadrado	8.500
4	Superficie del local no independiente	Metro cuadrado	13.000
5	Carga elementos de transporte	Kilogramo	150

Actividad: Comercio al por menor de carne y despojos; de productos y derivados cárnicos elaborados.
Epígrafe I.A.E.: 642.1, 2, 3 y 4

Módulo	Definición	Unidad	Rendimiento neto anual por unidad Pesetas
1	Personal asalariado	Persona	328.000
2	Personal no asalariado	Persona	1.532.000
3	Superficie del local independiente	Metro cuadrado	5.000
4	Superficie del local no independiente	Metro cuadrado	11.000
5	Carga elementos de transporte	Kilogramo	55

Actividad: Comercio al por menor de huevos, aves, conejos de granja, caza; y de productos derivados de los mismos.
Epígrafe I.A.E.: 642.5

Módulo	Definición	Unidad	Rendimiento neto anual por unidad Pesetas
1	Personal asalariado	Persona	453.000
2	Personal no asalariado	Persona	1.512.000
3	Consumo de energía eléctrica	kWh	33
4	Superficie del local independiente	Metro cuadrado	3.500
5	Superficie del local no independiente	Metro cuadrado	7.800

Actividad: Comercio al por menor en casquerías, de vísceras y despojos procedentes de animales de abasto, frescos y congelados.
Epígrafe I.A.E.: 642.6

Módulo	Definición	Unidad	Rendimiento neto anual por unidad Pesetas
1	Personal asalariado	Persona	306.000
2	Personal no asalariado	Persona	1.508.000
3	Superficie del local independiente	Metro cuadrado	3.800
4	Superficie del local no independiente	Metro cuadrado	9.600
5	Consumo de energía eléctrica	kWh	48

Actividad: Comercio al por menor de pescados y otros productos de la pesca y de la acuicultura y de caracoles.
Epígrafe I.A.E.: 643.1 y 2

Módulo	Definición	Unidad	Rend. neto anual por unid. Pesetas
1	Personal asalariado	Persona	539.000
2	Personal no asalariado	Persona	1.875.000
3	Superficie del local independiente	Metro cuadrado	5.200
4	Superficie del local no independiente	Metro cuadrado	15.800
5	Consumo de energía eléctrica	kWh	41

Actividad: Comercio al por menor de pan, pastelería, confitería y similares y de leche y productos lácteos.
Epígrafe I.A.E.: 644.1

Módulo	Definición	Unidad	Rend. neto anual por unid. Pesetas
1	Personal asalariado de fabricación	Persona	886.000
2	Resto personal asalariado	Persona	150.000
3	Personal no asalariado	Persona	2.060.000
4	Superficie del local de fabricación	Metro cuadrado	7.000
5	Resto superficie local independiente	Metro cuadrado	4.800
6	Resto superficie local no independiente	Metro cuadrado	18.000
7	Superficie del horno	Decím. cuadrado	950

Actividad: Despachos de pan, panes especiales y bollería.
Epígrafe I.A.E.: 644.2

Módulo	Definición	Unidad	Rend. neto anual por unid. Pesetas
1	Personal asalariado de fabricación	Persona	886.000
2	Resto personal asalariado	Persona	150.000
3	Personal no asalariado	Persona	2.060.000
4	Superficie del local de fabricación	Metro cuadrado	7.000
5	Resto superficie local independiente	Metro cuadrado	4.800
6	Resto superficie local no independiente	Metro cuadrado	18.000
7	Superficie del horno	Decím. cuadrado	950

Actividad: Comercio al menor de pastelería, bollería y confitería.
Epígrafe I.A.E.: 644.3

1	Personal asalariado de fabricación	Persona	906.000
2	Resto personal asalariado	Persona	144.000
3	Personal no asalariado	Persona	1.837.000
4	Superficie del local de fabricación	Metro cuadrado	6.200
5	Resto superficie local independiente	Metro cuadrado	4.800
6	Resto superficie local no independiente	Metro cuadrado	16.000
7	Superficie del horno	Decím. cuadrado	740

NOTA: El rendimiento neto resultante de la aplicación de los signos o módulos anteriores incluye en su caso, el derivado de la fabricación y comercio al por menor de productos de pastelería y platos precocinados, siempre que estas actividades se desarrollen con carácter accesorio a la actividad principal.

Actividad: Comercio al por menor de masas fritas, con o sin coberturas o rellenos, patatas fritas, productos de aperitivos, frutos secos, golosinas, preparados de chocolate y bebidas refrescantes.
Epígrafe I.A.E.: 644.6

Módulo	Definición	Unidad	Rend. neto anual por unid. Pesetas
1	Personal asalariado de fabricación	Persona	897.000
2	Resto personal asalariado	Persona	295.000
3	Personal no asalariado	Persona	1.728.000
4	Superficie del local de fabricación	Metro cuadrado	3.600
5	Resto superficie local independiente	Metro cuadrado	2.800
6	Resto superficie local no independiente	Metro cuadrado	4.800

Actividad: Comercio al por menor de cualquier clase de productos alimenticios y de bebidas en establecimientos con vendedor.
Epígrafe I.A.E.: 647.1

1	Personal asalariado	Persona	142.000
2	Personal no asalariado	Persona	1.504.000
3	Superficie del local independiente	Metro cuadrado	2.800
4.	Superficie del local no independiente	Metro cuadrado	9.500
5	Consumo de energía eléctrica	kWh	12

Actividad: Comercio al por menor de cualquier clase de productos alimenticios y de bebidas en régimen de autoservicio o mixto en establecimientos cuya sala de ventas tenga una superficie inferior a 400 metros cuadrados.
Epígrafe I.A.E.: 647.2 y 3

Módulo	Definición	Unidad	Rendimiento neto anual por unidad Pesetas
1	Personal asalariado	Persona	250.000
2	Personal no asalariado	Persona	1.517.000
3	Superficie del local	Metro cuadrado	3.300
4	Consumo de energía eléctrica	kWh	46

Actividad: Comercio al por menor de productos textiles, confecciones para el hogar, alfombras y similares y artículos de tapicería.
Epígrafe I.A.E.: 651.1

Módulo	Definición	Unidad	Rendimiento neto anual por unidad Pesetas
1	Personal asalariado	Persona	432.000
2	Personal no asalariado	Persona	1.997.000
3	Consumo de energía	kWh	55
4	Superficie del local independiente	Metro cuadrado	5.100
5	Superficie del local no independiente	Metro cuadrado	16.000

Actividad: Comercio al por menor de toda clase de prendas para el vestido y tocado.
Epígrafe I.A.E.: 651.2

Módulo	Definición	Unidad	Rendimiento neto anual por unidad Pesetas
1	Personal asalariado	Persona	348.000
2	Personal no asalariado	Persona	1.892.000
3	Superficie del local	Metro cuadrado	5.300
4	Consumo de energía eléctrica	kWh	100

Actividad: Comercio al por menor de lencería, corsetería y prendas especiales.
Epígrafe I.A.E.: 651.3 y 5

Módulo	Definición	Unidad	Rendimiento neto anual por unidad Pesetas
1	Personal asalariado	Persona	313.000
2	Personal no asalariado	Persona	1.707.000
3	Superficie del local	Metro cuadrado	6.800
4	Consumo de energía eléctrica	kWh	110

Actividad: Comercio al menor de artículos de mercería y paquetería.
Epígrafe I.A.E.: 651.4

Módulo	Definición	Unidad	Rendimiento neto anual por unidad Pesetas
1	Personal asalariado	Persona	273.000
2	Personal no asalariado	Persona	1.478.000
3	Superficie del local	Metro cuadrado	4.200
4	Consumo de energía eléctrica	kWh	84

Actividad: Comercio al por menor de calzado, artículos de piel e imitación o productos sustitutivos, cinturones, carteras, bolsos, maletas y artículos de viaje en general.
Epígrafe I.A.E.: 651.6

Módulo	Definición	Unidad	Rendimiento neto anual por unidad Pesetas
1	Personal asalariado	Persona	441.000
2	Personal no asalariado	Persona	1.896.000
3	Superficie del local	Metro cuadrado	3.900
4	Consumo de energía eléctrica	kWh	74

Actividad: Comercio al por menor de productos de droguería, perfumería y cosmética, limpieza, pinturas, barnices, disolventes, papeles y otros productos para la decoración y de productos químicos, y de artículos para la higiene y el aseo personal.
Epígrafe I.A.E.: 652.2 y 3

Módulo	Definición	Unidad	Rendimiento neto anual por unidad Pesetas
1	Personal asalariado	Persona	502.000
2	Personal no asalariado	Persona	1.725.000
3	Consumo de energía eléctrica	kWh	42
4	Superficie del local independiente	Metro cuadrado	2.500
5	Superficie del local no independiente	Metro cuadrado	7.300

Actividad: Comercio al por menor de muebles.
Epígrafe I.A.E.: 653.1

Módulo	Definición	Unidad	Rendimiento neto anual por unidad Pesetas
1	Personal asalariado	Persona	578.000
2	Personal no asalariado	Persona	2.290.000
3	Consumo de energía eléctrica	kWh	100
4	Superficie del local	Metro cuadrado	1.800

Actividad: Comercio al por menor de material y aparatos eléctricos, electrónicos, electrodomésticos y otros aparatos de uso doméstico accionados por otro tipo de energía distinta de la eléctrica, así como muebles de cocina.

Epígrafe I.A.E.: 653.2

Módulo	Definición	Unidad	Rend. neto anual por unid. Pesetas
1	Personal asalariado	Persona	408.000
2	Personal no asalariado	Persona	2.063.000
3	Consumo de energía eléctrica	kWh	140
4	Superficie del local independiente	Metro cuadrado	5.100
5	Superficie local no independiente	Metro cuadrado	17.000

Actividad: Comercio al por menor de menaje, ferretería, adorno, regalo o reclamo (incluyendo bisutería y pequeños electrodomésticos).

Epígrafe I.A.E.: 653.3

1	Personal asalariado	Persona	540.000
2	Personal no asalariado	Persona	2.186.000
3	Consumo de energía eléctrica	kWh	73
4	Superficie del local	Metro cuadrado	3.100

NOTA: El rendimiento neto resultante de la aplicación de los signos o módulos anteriores, incluye, en su caso, el derivado del comercio al por menor de productos de jardinería, grifería, sanitario, material eléctrico y de fontanería, pintura, materiales para la práctica del bricolage, cordelería y efectos navales, siempre que cada una de estas actividades se desarrollen con carácter accesorio a la actividad principal.

Actividad: Comercio al por menor de materiales de construcción, artículos y mobiliario de saneamiento, puertas, ventanas, persianas, etc.
Epígrafe I.A.E.: 653.4 y 5

Módulo	Definición	Unidad	Rendimiento neto anual por unidad Pesetas
1	Personal asalariado	Persona	429.000
2	Personal no asalariado	Persona	2.321.000
3	Consumo de energía eléctrica	kWh	130
4	Superficie del local	Metro cuadrado	1.230

Actividad: Comercio al por menor de otros artículos para el equipamiento del hogar n.c.o.p.
Epígrafe I.A.E.: 653.9

Módulo	Definición	Unidad	Rendimiento neto anual por unidad Pesetas
1	Personal asalariado	Persona	735.000
2	Personal no asalariado	Persona	2.979.000
3	Consumo de energía eléctrica	kWh	120
4	Superficie del local	Metro cuadrado	5.900

Actividad: Comercio al por menor de accesorios y piezas de recambio para vehículos terrestres.
Epígrafe I.A.E.: 654.2

Módulo	Definición	Unidad	Rendimiento neto anual por unidad Pesetas
1	Personal asalariado	Persona	436.000
2	Personal no asalariado	Persona	2.394.000
3	Consumo de energía eléctrica	kWh	280
4	Potencia fiscal vehículo	CVF	87.000

Actividad: Comercio al por menor de toda clase de maquinaria (excepto aparatos del hogar, de oficina, médicos, ortopédicos, ópticos y fotográficos).
Epígrafe I.A.E.: 654.5

Módulo	Definición	Unidad	Rendimiento neto anual por unidad Pesetas
1	Personal asalariado	Persona	1.309.000
2	Personal no asalariado	Persona	2.616.000
3	Consumo de energía eléctrica	kWh	55
4	Potencia fiscal vehículo	CVF	18.000

Actividad: Comercio al por menor de cubiertas, bandas o bandajes y cámaras de aire para toda clase de vehículos, excepto las actividades de comercio al por mayor de los artículos citados.

Epígrafe I.A.E.: 654.6

Módulo	Definición	Unidad	Rendimiento neto anual por unidad Pesetas
1	Personal asalariado	Persona	380.000
2	Personal no asalariado	Persona	1.968.000
3	Consumo de energía eléctrica	kWh	170
4	Potencia fiscal vehículo	CVF	52.000

Actividad: Comercio al por menor de muebles de oficina y de máquinas y equipos de oficina.

Epígrafe I.A.E.: 659.2

Módulo	Definición	Unidad	Rendimiento neto anual por unidad Pesetas
1	Personal asalariado	Persona	578.000
2	Personal no asalariado	Persona	2.290.000
3	Consumo de energía eléctrica	kWh	100
4	Superficie del local	Metro cuadrado	1.800

Actividad: Comercio al por menor de aparatos e instrumentos médicos, ortopédicos, ópticos y fotográficos.
Epígrafe I.A.E.: 659.3

Módulo	Definición	Unidad	Rend. neto anual por unid. Pesetas
1	Personal asalariado	Persona	973.000
2	Personal no asalariado	Persona	2.618.000
3	Consumo de energía eléctrica	kWh	160
4	Potencia fiscal vehículo	CVF	151.000

NOTA: El rendimiento neto resultante de la aplicación de los signos o módulos anteriores incluye, en su caso, el derivado del servicio de recogida de negativos y otro material fotográfico impresionado para su procesado en laboratorio de terceros y la entrega de las correspondientes copias y ampliaciones, siempre que esta actividad se desarrolle con carácter accesorio a la actividad principal de comercio al por menor de aparatos e instrumentos fotográficos.

Actividad: Comercio al por menor de libros, periódicos, artículos de papelería y escritorio y artículos de dibujo y bellas artes, excepto en quioscos situados en la vía pública.
Epígrafe I.A.E.: 659.4

1	Personal asalariado	Persona	589.000
2	Personal no asalariado	Persona	2.193.000
3	Consumo de energía eléctrica	kWh	74
4	Superficie del local	Metro cuadrado	4.000
5	Potencia fiscal vehículo	CVF	68.000

Actividad: Comercio al por menor de prensa, revistas y libros en quioscos situados en la vía pública.
Epígrafe I.A.E.: 659.4

Módulo	Definición	Unidad	Rendimiento neto anual por unidad Pesetas
1	Personal asalariado	Persona	456.000
2	Personal no asalariado	Persona	2.257.000
3	Consumo de energía eléctrica	kWh	530
4	Superficie del local	Metro cuadrado	111.000

Actividad: Comercio al por menor de juguetes, artículos de deporte, prendas deportivas de vestido, calzado y tocado, armas, cartuchería y artículos de pirotecnia.
Epígrafe I.A.E.: 659.6

Módulo	Definición	Unidad	Rendimiento neto anual por unidad Pesetas
1	Personal asalariado	Persona	392.000
2	Personal no asalariado	Persona	1.785.000
3	Consumo de energía eléctrica	kWh	190
4	Superficie del local	Metro cuadrado	4.400

Actividad: Comercio al por menor de semillas, abonos, flores y plantas y pequeños animales.
Epígrafe I.A.E.: 659.7

Módulo	Definición	Unidad	Rendimiento neto anual por unidad Pesetas
1	Personal asalariado	Persona	708.000
2	Personal no asalariado	Persona	2.285.000
3	Potencia fiscal vehículo	CVF	37.000

Actividad: Comercio al por menor de toda clase de artículos, incluyendo alimentación y bebidas, en establecimientos distintos de los especificados en el grupo 661 y en el epígrafe 662.1.
Epígrafe I.A.E.: 662.2

Módulo	Definición	Unidad	Rendimiento neto anual por unidad Pesetas
1	Personal asalariado	Persona	661.000
2	Personal no asalariado	Persona	1.276.000
3	Consumo de energía eléctrica	kWh	39
4	Superficie del local	Metro cuadrado	5.100

Actividad: Comercio al por menor fuera de un establecimiento comercial permanente de productos alimenticios, incluso bebidas y helados.
Epígrafe I.A.E.: 663.1

Módulo	Definición	Unidad	Rendimiento neto anual por unidad Pesetas
1	Personal asalariado	Persona	186.000
2	Personal no asalariado	Persona	1.873.000
3	Potencia fiscal vehículo	CVF	15.000

Actividad: Comercio al por menor fuera de un establecimiento comercial permanente de artículos textiles y de confección.
Epígrafe I.A.E.: 663.2

Módulo	Definición	Unidad	Rendimiento neto anual por unidad Pesetas
1	Personal asalariado	Persona	450.000
2	Personal no asalariado	Persona	2.080.000
3	Potencia fiscal vehículo	CVF	36.000

Actividad: Comercio al por menor fuera de un establecimiento comercial permanente de calzado, pieles y artículos de cuero.
Epígrafe I.A.E.: **663.3**

Módulo	Definición	Unidad	Rendimiento neto anual por unidad Pesetas
1	Personal asalariado	Persona	380.000
2	Personal no asalariado	Persona	1.636.000
3	Potencia fiscal vehículo	CVF	22.000

Actividad: Comercio al por menor fuera de un establecimiento comercial permanente de artículos de droguería y cosméticos y de productos químicos en general.
Epígrafe I.A.E.: **663.4**

Módulo	Definición	Unidad	Rendimiento neto anual por unidad Pesetas
1	Personal asalariado	Persona	549.000
2	Personal no asalariado	Persona	1.885.000
3	Potencia fiscal vehículo	CVF	17.000

Actividad: Comercio al por menor fuera de un establecimiento comercial permanente de otras clases de mercancías n.c.o.p. Epígrafe I.A.E.: 663.9			
Módulo	Definición	Unidad	Rendimiento neto anual por unidad Pesetas
1	Personal asalariado	Persona	802.000
2	Personal no asalariado	Persona	1.552.000
3	Potencia fiscal vehículo	CVF	42.000

Actividad Restaurantes de dos tenedores. Epígrafe I.A.E.: 671.4			
Módulo	Definición	Unidad	Rendimiento neto anual por unidad Pesetas
1	Personal asalariado	Persona	494.000
2	Personal no asalariado	Persona	2.321.000
3	Potencia eléctrica	kWh contratado	27.000
4	Mesas	Mesa	78.000
5	Máquinas tipo «A»	Máquina tipo «A»	167.000
6	Máquinas tipo «B»	Máquina tipo «B»	593.000

Actividad: Restaurantes de un tenedor.
Epígrafe I.A.E.: 671.5

Módulo	Definición	Unidad	Rendimiento neto anual por unidad Pesetas
1	Personal asalariado	Persona	511.000
2	Personal no asalariado	Persona	2.293.000
3	Potencia eléctrica	kWh contratado	18.000
4	Mesas	Mesa	31.000
5	Máquinas tipo «A»	Máquina tipo «A»	167.000
6	Máquinas tipo «B»	Máquina tipo «B»	593.000

Actividad: Cafeterías.
Epígrafe I.A.E.: 672.1, 2 y 3

Módulo	Definición	Unidad	Rendimiento neto anual por unidad Pesetas
1	Personal asalariado	Persona	205.000
2	Personal no asalariado	Persona	1.948.000
3	Potencia eléctrica	kWh contratado	68.000
4	Mesas	Mesa	54.000
5	Máquinas tipo «A»	Máquina tipo «A»	149.000
6	Máquinas tipo «B»	Máquina tipo «B»	583.000

Actividad: Cafés y bares de categoría especial.
Epígrafe I.A.E.: 673.1

Módulo	Definición	Unidad	Rendimiento neto anual por unidad Pesetas
1	Personal asalariado	Persona	544.000
2	Personal no asalariado	Persona	2.086.000
3	Potencia eléctrica	kWh contratado	43.000
4	Mesas	Mesa	31.000
5	Longitud de barra	Metro	50.000
6	Máquinas tipo «A»	Máquina tipo «A»	149.000
7	Máquinas tipo «B»	Máquina tipo «B»	452.000

Actividad: Otros cafés y bares.
Epígrafe I.A.E.: 673.2

Módulo	Definición	Unidad	Rendimiento neto anual por unidad Pesetas
1	Personal asalariado	Persona	233.000
2	Personal no asalariado	Persona	1.618.000
3	Potencia eléctrica	kWh contratado	13.000
4	Mesas	Mesa	17.000
5	Longitud de barra	Metro	23.000
6	Máquinas tipo «A»	Máquina tipo «A»	125.000
7	Máquinas tipo «B»	Máquina tipo «B»	458.000

Actividad: Servicios en quioscos, cajones, barracas u otros locales análogos. Epígrafe I.A.E.: 675			
Módulo	Definición	Unidad	Rendimiento neto anual por unidad Pesetas
1	Personal asalariado	Persona	341.000
2	Personal no asalariado	Persona	1.759.000
3	Potencia eléctrica	kWh contratado	13.000
4	Superficie del local	Metro cuadrado	3.200

Actividad: Servicios en chocolaterías, heladerías y horchaterías. Epígrafe I.A.E.: 676			
Módulo	Definición	Unidad	Rendimiento neto anual por unidad Pesetas
1	Personal asalariado	Persona	308.000
2	Personal no asalariado	Persona	2.547.000
3	Potencia eléctrica	kWh contratado	69.000
4	Mesas	Mesa	28.000

Actividad: Servicio de hospedaje en hoteles y moteles de una o dos estrellas. Epígrafe I.A.E.: 681			
Módulo	Definición	Unidad	Rendimiento neto anual por unidad Pesetas
1	Personal asalariado	Persona	718.000
2	Personal no asalariado	Persona	2.358.000
3	Número de plazas	Plaza	43.000

Actividad: Servicio de hospedaje en hostales y pensiones. Epígrafe I.A.E.: 682			
Módulo	Definición	Unidad	Rendimiento neto anual por unidad Pesetas
1	Personal asalariado	Persona	658.000
2	Personal no asalariado	Persona	2.243.000
3	Número de plazas	Plaza	35.000

Actividad: Servicio de hospedaje en fondas y casas de huéspedes. Epígrafe I.A.E.: 683			
Módulo	Definición	Unidad	Rendimiento neto anual por unidad Pesetas
1	Personal asalariado	Persona	600.000
2	Personal no asalariado	Persona	1.954.000
3	Número de plazas	Plaza	18.000

Actividad: Servicios de hospedaje en hoteles-apartamentos. Epígrafe I.A.E.: 684			
Módulo	Definición	Unidad	Rendimiento neto anual por unidad Pesetas
1	Personal asalariado	Persona	826.000
2	Personal no asalariado	Persona	2.713.000
3	Número de plazas	Plaza	35.000

Actividad: Reparación de artículos eléctricos para el hogar.
Epígrafe I.A.E.: 691.1

Módulo	Definición	Unidad	Rendimiento neto anual por unidad Pesetas
1	Personal asalariado	Persona	640.000
2	Personal no asalariado	Persona	2.315.000
3	Superficie del local	Metro cuadrado	2.500

Actividad: Reparación de vehículos automóviles, bicicletas y otros vehículos.
Epígrafe I.A.E.: 691.2

Módulo	Definición	Unidad	Rendimiento neto anual por unidad Pesetas
1	Personal asalariado	Persona	597.000
2	Personal no asalariado	Persona	2.454.000
3	Superficie del local	Metro cuadrado	3.900

Actividad: Reparación de calzado.
Epígrafe I.A.E.: 691.9

Módulo	Definición	Unidad	Rendimiento neto anual por unidad Pesetas
1	Personal asalariado	Persona	263.000
2	Personal no asalariado	Persona	1.506.000
3	Superficie del local	Metro cuadrado	190

Actividad: Reparación de otros bienes de consumo n.c.o.p. (excepto reparación de calzado, restauración de obras de arte, muebles, antigüedades e instrumentos musicales).
Epígrafe I.A.E.: 691.9

Módulo	Definición	Unidad	Rendimiento neto anual por unidad Pesetas
1	Personal asalariado	Persona	611.000
2	Personal no asalariado	Persona	2.415.000
3	Superficie del local	Metro cuadrado	6.700

Actividad: Reparación de maquinaria industrial.
Epígrafe I.A.E.: 692

Módulo	Definición	Unidad	Rendimiento neto anual por unidad Pesetas
1	Personal asalariado	Persona	634.000
2	Personal no asalariado	Persona	2.609.000
3	Superficie del local	Metro cuadrado	14.000

Actividad: Otras reparaciones n.c.o.p.
Epígrafe I.A.E.: 699

Módulo	Definición	Unidad	Rendimiento neto anual por unidad Pesetas
1	Personal asalariado	Persona	531.000
2	Personal no asalariado	Persona	2.184.000
3	Superficie del local	Metro cuadrado	13.000

Actividad: Transporte urbano colectivo y de viajeros por carretera. Epígrafe I.A.E.: 721.1 y 3			
Módulo	Definición	Unidad	Rendimiento neto anual por unidad Pesetas
1	Personal asalariado	Persona	354.000
2	Personal no asalariado	Persona	2.408.000
3	Número de asientos ámbito nacional	Asiento	18.000
4	Número de asientos resto	Asiento	6.400

Actividad: Transporte por autotaxis. Epígrafe I.A.E.: 721.2			
Módulo	Definición	Unidad	Rendimiento neto anual por unidad Pesetas
1	Personal asalariado	Persona	194.000
2	Personal no asalariado	Persona	1.235.000
3	Distancia recorrida	Kilómetro	9

Actividad: Transporte de mercancías por carretera.
Epígrafe I.A.E.: 722

Módulo	Definición	Unidad	Rendimiento neto anual por unidad Pesetas
1	Personal asalariado	Persona	344.000
2	Personal no asalariado	Persona	2.013.000
3	Carga vehículos	Tonelada	25.000

Actividad: Engrase y lavado de vehículos.
Epígrafe I.A.E.: 751.5

Módulo	Definición	Unidad	Rendimiento neto anual por unidad Pesetas
1	Personal asalariado	Persona	597.000
2	Personal no asalariado	Persona	2.454.000
3	Superficie del local	Metro cuadrado	3.900

Actividad: Servicios de mudanzas. Epígrafe I.A.E.: 757			
Módulo	Definición	Unidad	Rendimiento neto anual por unidad Pesetas
1	Personal asalariado	Persona	344.000
2	Personal no asalariado	Persona	2.013.000
3	Carga vehículos	Tonelada	25.000

Actividad: Enseñanza de conducción de vehículos terrestres, acuáticos, aeronáuticos, etc. Epígrafe I.A.E.: 733.1			
Módulo	Definición	Unidad	Rendimiento neto anual por unidad Pesetas
1	Personal asalariado	Persona	410.000
2	Personal no asalariado	Persona	2.762.000
3	Número de vehículos	Vehículo	104.000
4	Potencia fiscal vehículo	CVF	34.400

Actividad: Otras actividades de enseñanza, tales como idiomas, corte y confección, mecanografía, taquigrafía, preparación de exámenes y oposiciones y similares n.c.o.p.
Epígrafe I.A.E.: 733.9

Módulo	Definición	Unidad	Rendimiento neto anual por unidad Pesetas
1	Personal asalariado	Persona	176.000
2	Personal no asalariado	Persona	2.184.000
3	Superficie del local	Metro cuadrado	8.700

Actividad: Escuelas y servicios de perfeccionamiento del deporte.
Epígrafe I.A.E.: 967.2

Módulo	Definición	Unidad	Rendimiento neto anual por unidad Pesetas
1	Personal asalariado	Persona	914.000
2	Personal no asalariado	Persona	1.844.000
3	Superficie del local	Metro cuadrado	4.400

Actividad: Tinte, limpieza en seco, lavado y planchado de ropas hechas y de prendas y artículos del hogar usados.
Epígrafe I.A.E.: 971.1

Módulo	Definición	Unidad	Rendimiento neto anual por unidad Pesetas
1	Personal asalariado	Persona	614.000
2	Personal no asalariado	Persona	2.252.000
3	Consumo de energía eléctrica	kWh	62

Actividad: Servicios de peluquería de señora y caballero.
Epígrafe I.A.E.: 972.1

Módulo	Definición	Unidad	Rendimiento neto anual por unidad Pesetas
1	Personal asalariado	Persona	469.000
2	Personal no asalariado	Persona	1.431.000
3	Superficie del local	Metro cuadrado	14.000
4	Consumo de energía eléctrica	kWh	120

NOTA: El rendimiento neto resultante de la aplicación de los signos o módulos anteriores incluye, en su caso, el derivado del comercio al por menor de artículos de cosmética capilar y productos de peluquería, así como de los servicios de manicura y depilación, siempre que estas actividades se desarrollen con carácter accesorio a la actividad principal de peluquería.

Actividad: Salones e institutos de belleza.
Epígrafe I.A.E.: 972.2

Módulo	Definición	Unidad	Rendimiento neto anual por unidad Pesetas
1	Personal asalariado	Persona	251.000
2	Personal no asalariado	Persona	2.087.000
3	Superficie del local	Metro cuadrado	12.000
4	Consumo de energía eléctrica	kWh	78

NOTA: El rendimiento neto resultante de la aplicación de los signos o módulos anteriores incluye, en su caso, el derivado del comercio al por menor de artículos de cosmética y belleza, siempre que este comercio se limite a los productos necesarios para la continuación de tratamientos efectuados en el salón.

Actividad: Servicios de copias de documentos con máquinas fotocopiadoras.
Epígrafe I.A.E.: 973.3

1	Personal asalariado	Persona	485.000
2	Personal no asalariado	Persona	2.005.000
3	Potencia eléctrica	kWh contratado	64.000

NOTA: El rendimiento neto resultante de la aplicación de los signos o módulos anteriores incluye, en su caso, el derivado de los servicios de reproducción de planos y la encuadernación de sus trabajos, siempre que estas actividades se desarrollen con carácter accesorio a la actividad principal de servicios de copias de documentos con máquinas fotocopiadoras.

NOTA COMÚN: El rendimiento neto resultante de la aplicación de los signos o módulos anteriores incluye, en su caso, el derivado del comercio al por menor de labores de tabaco, realizado en régimen de autorizaciones de venta con recargo, incluso el desarrollo a través de máquinas automáticas.

Signos, índices o módulos del régimen especial simplificado del Impuesto sobre el Valor Añadido

Actividad: Carpintería metálica y fabricación de estructuras metálicas y calderería.
Epígrafe I.A.E.: 314 y 315

Módulo	Definición	Unidad	Cuota anual por unidad Pesetas
1	Personal empleado	Persona	289.000
2	Consumo de energía eléctrica	kWh	21
3	Potencia física vehículo	CVF	14.000

Actividad: Fabricación de artículos de ferretería, cerrajería, tornillería, derivados del alambre, menaje y otros artículos en metales n.c.o.p.
Epígrafe I.A.E.: 316.2, 3, 4 y 9

Módulo	Definición	Unidad	Cuota anual por unidad Pesetas
1	Personal empleado	Persona	406.000
2	Consumo de energía eléctrica	kWh	21
3	Potencia física vehículo	CVF	1.400

Actividad: Industrias del pan y de la bollería.
Epígrafe I.A.E.: 419.1

Módulo	Definición	Unidad	Cuota anual por unidad Pesetas
1	Personal empleado	Persona	52.000
2	Superficie del local	Metro cuadrado	217
3	Superficie del horno	Decím. cuadrado	9

NOTA: La cuota de la aplicación de los signos, índices o módulos anteriores incluye la derivada del ejercicio de las actividades que faculta la cuota del epígrafe 644.1 del I.A.E.

Actividad: Industrias de la bollería, pastelería y galletas.
Epígrafe I.A.E.: 419.2

Módulo	Definición	Unidad	Cuota anual por unidad Pesetas
1	Personal empleado	Persona	122.000
2	Superficie del local	Metro cuadrado	360
3	Superficie del horno	Decím. cuadrado	23

NOTA: La cuota resultante de la aplicación de los signos, índices o módulos anteriores incluye, en su caso, la derivada de la fabricación de pastelería «salada» y «platos precocinados», siempre que estas actividades se desarrollen con carácter accesorio a la actividad principal.

NOTA: La cuota resultante de la aplicación de los signos, índices o módulos anteriores incluye la derivada del ejercicio de las actividades que faculta la nota del epígrafe 644.3 del I.A.E.

Actividad: Industrias de elaboración de masas fritas. **Epígrafe I.A.E.: 419.3**			
Módulo	Definición	Unidad	Cuota anual por unidad Pesetas
1	Personal empleado	Persona	141.000
2	Superficie del local	Metro cuadrado	610
NOTA: La cuota resultante de la aplicación de los signos, índices o módulos anteriores incluye la derivada del ejercicio de las actividades que faculta la nota del epígrafe 644.6 del I.A.E.			

Actividad: Elaboración de patatas fritas, palomitas de maíz y similares. **Epígrafe I.A.E.: 423.9**			
Módulo	Definición	Unidad	Cuota anual por unidad Pesetas
1	Personal empleado	Persona	141.000
2	Superficie del local	Metro cuadrado	610
NOTA: La cuota resultante de la aplicación de los signos, índices o módulos anteriores incluye la derivada del ejercicio de las actividades que faculta la nota del epígrafe 644.6 del I.A.E.			

Actividad: Confección en serie de prendas de vestir y sus complementos.
Epígrafe I.A.E.: 453

Módulo	Definición	Unidad	Cuota anual por unidad Pesetas
1	Personal empleado	Persona	315.000
2	Consumo de energía eléctrica	kWh	15
3	Potencia fiscal del vehículo	CVF	11.900

Actividad: Fabricación en serie de piezas de carpintería, parqué y estructuras de madera para la construcción.
Epígrafe I.A.E.: 463

Módulo	Definición	Unidad	Cuota anual por unidad Pesetas
1	Personal empleado	Persona	435.000
2	Consumo de energía eléctrica	kWh	7

Actividad: Industria del mueble de madera. Epígrafe I.A.E.: 468			
Módulo	Definición	Unidad	Cuota anual por unidad Pesetas
1	Personal empleado	Persona	363.000
2	Consumo de energía eléctrica	kWh	18

Actividad: Impresión de textos o imágenes. Epígrafe I.A.E.: 474.1			
Módulo	Definición	Unidad	Cuota anual por unidad Pesetas
1	Personal empleado	Persona	416.000
2	Potencia eléctrica	kW contratado	8.800
3	Potencia fiscal vehículo	CVF	14.000

Actividad: Construcción completa, reparación y conservación de edificaciones y obras civiles.
Epígrafe I.A.E.: 501.1 y 2

Módulo	Definición	Unidad	Cuota anual por unidad Pesetas
1	Personal empleado	Persona	553.000
2	Superficie del local	Metro cuadrado	1.300
3	Potencia fiscal vehículo	CVF	18.000

Actividad: Albañilería y pequeños trabajos de construcción en general.
Epígrafe I.A.E.: 501.3

Módulo	Definición	Unidad	Cuota anual por unidad Pesetas
1	Personal empleado	Persona	311.000
2	Superficie del local	Metro cuadrado	2.000
3	Potencia fiscal vehículo	CVF	7.200

Actividad: Consolidación y preparación de terrenos, demoliciones, perforaciones para alumbramiento de aguas, cimentaciones y pavimentaciones. Preparación y montaje de estructuras y cubiertas y cubriciones en edificaciones y obras civiles. Montaje e instalación de estructuras metálicas para transportes, puertas, obras hidráulicas, puentes, postes y torres metálicas, carriles, etc.
Epígrafe I.A.E.: 502; 503.1, 2 y 3

Módulo	Definición	Unidad	Cuota anual por unidad Pesetas
1	Personal empleado	Persona	553.000
2	Superficie del local	Metro cuadrado	1.300
3	Potencia fiscal vehículo	CVF	18.000

Actividad: Instalación y montajes (excepto fontanería, frío, calor y acondicionamiento de aire).
Epígrafe I.A.E.: 504.1

Módulo	Definición	Unidad	Cuota anual por unidad Pesetas
1	Personal empleado	Persona	393.000
2	Consumo de energía eléctrica	kWh	26
3	Potencia fiscal vehículo	CVF	320

Actividad: Instalaciones de fontanería, frío, calor y acondicionamiento de aire.
Epígrafe I.A.E.: 504.2 y 3

Módulo	Definición	Unidad	Cuota anual por unidad Pesetas
1	Personal empleado	Persona	501.000
2	Consumo de energía eléctrica	kWh	55
3	Potencia fiscal vehículo	CVF	310

Actividad: Instalación de pararrayos y similares. Montaje e instalación de cocinas de todo tipo y clase, con todos sus accesorios. Montaje e instalación de aparatos elevadores de cualquier clase y tipo. Instalaciones telefónicas, telegráficas, telegráficas sin hilos y de televisión, en edificios y construcciones de cualquier clase. Montajes metálicos e instalaciones industriales completas, sin vender ni aportar la maquinaria ni los elementos objeto de la instalación o montaje.
Epígrafe I.A.E.: 504.4, 5, 6, 7 y 8

Módulo	Definición	Unidad	Cuota anual por unidad Pesetas
1	Personal empleado	Persona	393.000
2	Consumo de energía eléctrica	kWh	26
3	Potencia fiscal vehículo	CVF	320

Actividad: Revestimientos, solados y pavimentos y colocación de aislamientos.
Epígrafe I.A.E.: 505.1, 2, 3 y 4

Módulo	Definición	Unidad	Cuota anual por unidad Pesetas
1	Personal empleado	Persona	297.000
2	Superficie del local	Metro cuadrado	760
3	Potencia fiscal vehículo	CVF	7.400

Actividad: Carpintería y cerrajería.
Epígrafe I.A.E.: 505.5

Módulo	Definición	Unidad	Cuota anual por unidad Pesetas
1	Personal empleado	Persona	455.000
2	Potencia fiscal vehículo	CVF	2.300

Actividad: Pintura, trabajos en yeso y escayola y terminación y decoración de edificios y locales.
Epígrafe I.A.E.: 505.6

Módulo	Definición	Unidad	Cuota anual por unidad Pesetas
1	Personal empleado	Persona	390.000
2	Potencia fiscal vehículo	CVF	2.100

Actividad: Servicios auxiliares de la construcción y dragados. Construcción, reparación y conservación de toda clase de obras.
Epígrafe I.A.E.: 506 y 507

Módulo	Definición	Unidad	Cuota anual por unidad Pesetas
1	Personal empleado	Persona	533.000
2	Superficie del local	Metro cuadrado	1.300
3	Potencia fiscal vehículo	CVF	18.000

Actividad: Elaboración de productos de charcutería por minoristas de carne.
Epígrafe I.A.E.: 642.1, 2 y 3

Módulo	Definición	Unidad	Cuota anual por unidad Pesetas
1	Personal empleado	Persona	97.000
2	Superficie del local	Metro cuadrado	120

NOTA: Se entiende por superficie del local, en este caso, la dedicada a la elaboración de productos de charcutería.

Actividad: Comercio al por menor de pan, pastelería, confitería y similares y de leche y productos lácteos.
Epígrafe I.A.E.: 644.1

Módulo	Definición	Unidad	Cuota anual por unidad Pesetas
1	Personal empleado	Persona	51.000
2	Superficie del local	Metro cuadrado	220
3	Superficie del horno	Decím. cuadrado	10

NOTA: La cuota resultante de la aplicación de los signos, índices o módulos anteriores incluye exclusivamente la derivada de la fabricación y simultáneo comercio de los productos fabricados.

Actividad: Despachos de pan, panes especiales y bollería.
Epígrafe I.A.E.: 644.2

Módulo	Definición	Unidad	Cuota anual por unidad Pesetas
1	Personal empleado	Persona	51.000
2	Superficie del local	Metro cuadrado	220
3	Superficie del horno	Decím. cuadrado	10

NOTA: La cuota resultante de la aplicación de los signos, índices o módulos anteriores incluye exclusivamente la derivada de la fabricación y simultáneo comercio de los productos fabricados.

Actividad: Comercio al por menor de productos de pastelería, bollería y confitería.
Epígrafe I.A.E.: 644.3

Módulo	Definición	Unidad	Cuota anual por unidad Pesetas
1	Personal empleado	Persona	122.000
2	Superficie del local	Metro cuadrado	360
3	Superficie del horno	Decím. cuadrado	23

NOTA: La cuota resultante de la aplicación de los signos, índices o módulos anteriores incluye, en su caso, la derivada de la fabricación de pastelería salada y platos precocinados siempre que estas actividades se desarrollen con carácter accesorio a la actividad principal.
NOTA: La cuota resultante de la aplicación de los signos, índices o módulos anteriores incluye, exclusivamente, la derivada de la fabricación y simultáneo comercio de los productos fabricados.

Actividad: Comercio al por menor de masas fritas, con o sin coberturas o rellenos, patatas fritas, productos de aperitivo, frutos secos, golosinas, preparados de chocolate y bebidas refrescantes.

Epígrafe I.A.E.: 644.6

Módulo	Definición	Unidad	Cuota anual por unidad Pesetas
1	Personal empleado	Persona	141.000
2	Superficie del local	Metro cuadrado	610

NOTA: La cuota resultante de la aplicación de los signos, índices o módulos anteriores incluye exclusivamente la derivada de la fabricación y simultáneo comercio de los productos fabricados.

Actividad: Reparación de artículos de su actividad efectuadas por comerciantes minoristas matriculados en el epígrafe 653.2.

Epígrafe I.A.E.: 653.2

Módulo	Definición	Unidad	Cuota anual por unidad Pesetas
1	Personal empleado reparación	Persona	419.000
2	Superficie taller reparación	Metro cuadrado	410

NOTA: La cuota resultante de la aplicación de los signos, índices o módulos anteriores incluye exclusivamente la derivada de la reparación de los artículos de su actividad.

Actividad: Comercio al por menor de materiales de construcción, artículos y mobiliario de saneamiento, puertas, ventanas, persianas, etc.
Epígrafe I.A.E.: 653.4 y 5

Módulo	Definición	Unidad	Cuota anual por unidad Pesetas
1	Personal empleado	Persona	278.000
2	Consumo de energía eléctrica	kWh	54
3	Superficie del local	Metro cuadrado	200

Actividad: Comercio al por menor de accesorios y piezas de recambio para vehículos terrestres.
Epígrafe I.A.E.: 654.2

Módulo	Definición	Unidad	Cuota anual por unidad Pesetas
1	Personal empleado	Persona	340.000
2	Consumo de energía eléctrica	kWh	60
3	Potencia fiscal del vehículo	CVF	13.600

Actividad: Comercio al por menor de toda clase de maquinaria (excepto aparatos del hogar, de oficina, médicos, ortopédicos, ópticos y fotográficos).
Epígrafe I.A.E.: 654.5

Módulo	Definición	Unidad	Cuota anual por unidad Pesetas
1	Personal empleado	Persona	455.000
2	Consumo de energía eléctrica	kWh	18
3	Potencia fiscal del vehículo	CVF	2.100

Actividad: Comercio al por menor de cubiertas, bandas o bandajes y cámaras de aire para toda clase de vehículos.
Epígrafe I.A.E.: 654.6

Módulo	Definición	Unidad	Cuota anual por unidad Pesetas
1	Personal empleado	Persona	330.000
2	Consumo de energía eléctrica	kWh	49
3	Potencia fiscal del vehículo	CVF	8.700

Actividad: Comerciantes minoristas matriculados en el epígrafe 659.3 por el servicio de recogida de negativos y otro material fotográfico impresionado para su procesado en laboratorio de terceros y la entrega de las correspondientes copias y ampliaciones.

Epígrafe I.A.E.: 659.3

Módulo	Definición	Unidad	Cuota anual por unidad Pesetas
1	Personal empleado	Persona	366.000
2	Superficie del local	Metro cuadrado	780

Actividad: Comercio al por menor fuera de un establecimiento comercial permanente dedicado exclusivamente a la comercialización de masas fritas, con o sin coberturas o rellenos, patatas fritas, productos de aperitivo, frutos secos, golosinas, preparación de chocolate y bebidas refrescantes y facultado para la elaboración de los productos propios de churrería y patatas fritas en la propia instalación o vehículo.

Epígrafe I.A.E.: 663.1

Módulo	Definición	Unidad	Cuota anual por unidad Pesetas
1	Personal empleado	Persona	164.000
2	Potencia fiscal del vehículo	CVF	1.200

NOTA: La cuota resultante de la aplicación de los signos, índices o módulos anteriores incluye exclusivamente la derivada de la elaboración y simultáneo comercio de los productos fabricados y comercializados en la forma prevista en la nota del epígrafe 663.1 del I.A.E.

Actividad: Restaurante de dos tenedores.
Epígrafe I.A.E.: 671.4

Módulo	Definición	Unidad	Cuota anual por unidad Pesetas
1	Personal empleado	Persona	69.500
2	Potencia eléctrica	kW contratado	3.500
3	Mesas	Mesa	4.000
4	Máquinas tipo «A»	Máquina tipo «A»	26.000
5	Máquinas tipo «B»	Máquina tipo «B»	93.000

Actividad: Restaurantes de un tenedor.
Epígrafe I.A.E.: 671.5

Módulo	Definición	Unidad	Cuota anual por unidad Pesetas
1	Personal empleado	Persona	70.600
2	Potencia eléctrica	kW contratado	2.100
3	Mesas	Mesa	3.600
4	Máquinas tipo «A»	Máquina tipo «A»	26.000
5	Máquinas tipo «B»	Máquina tipo «B»	93.000

Actividad: Cafeterías.
Epígrafe I.A.E.: 672.1, 2 y 3

Módulo	Definición	Unidad	Cuota anual por unidad Pesetas
1	Personal empleado	Persona	41.600
2	Potencia eléctrica	kW contratado	2.200
3	Mesas	Mesa	1.300
4	Máquinas tipo «A»	Máquina tipo «A»	24.000
5	Máquinas tipo «B»	Máquina tipo «B»	92.000

Actividad: Cafés y bares de categoría especial.
Epígrafe I.A.E.: 673.1

Módulo	Definición	Unidad	Cuota anual por unidad Pesetas
1	Personal empleado	Persona	38.100
2	Potencia eléctrica	kW contratado	800
3	Mesas	Mesa	700
4	Longitud de la barra	Metro	900
5	Máquinas tipo «A»	Máquina tipo «A»	24.000
6	Máquinas tipo «B»	Máquina tipo «B»	72.000

Actividad: Otros cafés y bares.
Epígrafe I.A.E.: 673.2

Módulo	Definición	Unidad	Cuota anual por unidad Pesetas
1	Personal empleado	Persona	28.000
2	Potencia eléctrica	kW contratado	520
3	Mesas	Mesa	620
4	Longitud de la barra	Metro	680
5	Máquinas tipo «A»	Máquina tipo «A»	20.000
6	Máquinas tipo «B»	Máquina tipo «B»	72.000

Actividad: Servicios en quioscos, cajones, barracas u otros locales análogos.
Epígrafe I.A.E.: 675

Módulo	Definición	Unidad	Cuota anual por unidad Pesetas
1	Personal empleado	Persona	32.000
2	Potencia eléctrica	kW contratado	370
3	Superficie del local	Metro cuadrado	30

Actividad: Servicios en chocolaterías, heladerías y horchaterías.
Epígrafe I.A.E.: 676

Módulo	Definición	Unidad	Cuota anual por unidad Pesetas
1	Personal empleado	Persona	100.000
2	Potencia eléctrica	kW contratado	3.700
3	Mesas	Mesa	1.200

Actividad: Servicio de hospedaje en hoteles y moteles de una o dos estrellas.
Epígrafe I.A.E.: 681

Módulo	Definición	Unidad	Cuota anual por unidad Pesetas
1	Personal empleado	Persona	73.000
2	Número de plazas	Plaza	1.500

Actividad: Servicio de hospedaje en hostales y pensiones.
Epígrafe I.A.E.: 682

Módulo	Definición	Unidad	Cuota anual por unidad Pesetas
1	Personal empleado	Persona	77.000
2	Número de plazas	Plaza	1.700

Actividad: Servicio de hospedaje en fondas y casas de huéspedes. Epígrafe I.A.E.: 683			
Módulo	Definición	Unidad	Cuota anual por unidad Pesetas
1 2	Personal empleado Número de plazas	Persona Plaza	72.000 1.200

Actividad: Servicio de hospedaje en hoteles-apartamentos. Epígrafe I.A.E.: 684			
Módulo	Definición	Unidad	Cuota anual por unidad Pesetas
1 2	Personal empleado Número de plazas	Persona Plaza	146.000 1.580

Actividad: Reparación de artículos eléctricos para el hogar. Epígrafe I.A.E.: 691.1			
Módulo	Definición	Unidad	Cuota anual por unidad Pesetas
1 2	Personal empleado Superficie del local	Persona Metro cuadrado	419.000 410

Actividad: Reparación de vehículos automóviles, bicicletas y otros vehículos.
Epígrafe I.A.E.: 691.2

Módulo	Definición	Unidad	Cuota anual por unidad Pesetas
1	Personal empleado	Persona	422.000
2	Superficie del local	Metro cuadrado	810

Actividad: Reparación de calzado.
Epígrafe I.A.E.: 691.9

Módulo	Definición	Unidad	Cuota anual por unidad Pesetas
1	Personal empleado	Persona	277.000
2	Consumo de energía eléctrica	kWh	33

Actividad: Reparación de otros bienes de consumo n.c.o.p. (excepto reparación de calzado, restauración de obras de arte, muebles, antigüedades e instrumentos musicales).
Epígrafe I.A.E.: 691.9

Módulo	Definición	Unidad	Cuota anual por unidad Pesetas
1	Personal empleado	Persona	419.000
2	Superficie del local	Metro cuadrado	990

Actividad: Reparación de maquinaria industrial.
Epígrafe I.A.E.: 692

Módulo	Definición	Unidad	Cuota anual por unidad Pesetas
1	Personal empleado	Persona	470.000
2	Superficie del local	Metro cuadrado	2.600

Actividad: Otras reparaciones n.c.o.p.
Epígrafe I.A.E.: 699

Módulo	Definición	Unidad	Cuota anual por unidad Pesetas
1	Personal empleado	Persona	398.000
2	Superficie del local	Metro cuadrado	2.400

Actividad: Transporte urbano colectivo y de viajeros por carretera. Epígrafe I.A.E.: 721.1 y 3			
Módulo	Definición	Unidad	Cuota anual por unidad Pesetas
1	Personal empleado	Persona	8.800
2	Número de asientos ámbito nacional	Asiento	300
3	Número de asientos resto	Asiento	210

Actividad: Transporte por autotaxis. Epígrafe I.A.E.: 721.2			
Módulo	Definición	Unidad	Cuota anual por unidad Pesetas
1	Personal empleado	Persona	42.900
2	Distancia recorrida	Kilómetro	0,42

Actividad: Transporte de mercancías por carretera. Epígrafe I.A.E.: 722			
Módulo	Definición	Unidad	Cuota anual por unidad Pesetas
1	Personal empleado	Persona	264.000
2	Carga vehículos	Tonelada	9.700

Actividad: Engrase y lavado de vehículos. Epígrafe I.A.E.: 751.5			
Módulo	Definición	Unidad	Cuota anual por unidad Pesetas
1	Personal empleado	Persona	422.000
2	Superficie del local	Metro cuadrado	810

Actividad: Servicio de mudanzas. Epígrafe I.A.E.: 757			
Módulo	Definición	Unidad	Cuota anual por unidad Pesetas
1	Personal empleado	Persona	264.000
2	Carga vehículos	Tonelada	9.700

Actividad: Enseñanza de conducción de vehículos terrestres, acuáticos, aeronáuticos, etc. Epígrafe I.A.E.: 933.1			
Módulo	Definición	Unidad	Cuota anual por unidad Pesetas
1	Personal empleado	Persona	276.000
2	Número de vehículos	Vehículo	24.000
3	Potencia fiscal vehículo	CVF	10.000

Actividad: Otras actividades de enseñanza, tales como idiomas, corte y confección mecanografía, taquigrafía, preparación de exámenes y oposiciones y similares n.c.o.p. Epígrafe I.A.E.: 933.9			
Módulo	Definición	Unidad	Cuota anual por unidad Pesetas
1	Personal empleado	Persona	234.000
2	Superficie del local	Metro cuadrado	260
NOTA: Los signos, índices o módulos anteriores no serán de aplicación a las actividades exentas en el Impuesto sobre el Valor Añadido.			

Actividad: Escuelas y servicios de perfeccionamiento del deporte. Epígrafe I.A.E.: 967.2			
Módulo	Definición	Unidad	Cuota anual por unidad Pesetas
1	Personal empleado	Persona	357.000
2	Superficie del local	Metro cuadrado	570

Actividad: Tinte, limpieza en seco, lavado y planchado de ropas hechas y de prendas y artículos del hogar usados. Epígrafe I.A.E.: 971.1			
Módulo	Definición	Unidad	Cuota anual por unidad Pesetas
1	Personal empleado	Persona	301.000
2	Consumo de energía eléctrica	kWh	11

Actividad: Servicios de peluquería de señora y caballero.
Epígrafe I.A.E.: 972.1

Módulo	Definición	Unidad	Cuota anual por unidad Pesetas
1	Personal empleado	Persona	217.000
2	Superficie del local	Metro cuadrado	4.700
3	Consumo de energía eléctrica	kWh	23

NOTA: La cuota resultante de la aplicación de los signos o módulos anteriores incluye, en su caso, la derivada de servicios de manicura y depilación, siempre que estas actividades se desarrollen con carácter accesorio a la actividad principal de peluquería.

Actividad: Salones e institutos de belleza.
Epígrafe I.A.E.: 972.2

Módulo	Definición	Unidad	Cuota anual por unidad Pesetas
1	Personal empleado	Persona	312.000
2	Superficie del local	Metro cuadrado	5.500
3	Consumo de energía eléctrica	kWh	22

Actividad: Servicios de copias de documentos con máquinas fotocopiadoras.
Epígrafe I.A.E.: 973.3

Módulo	Definición	Unidad	Cuota anual por unidad Pesetas
1	Personal empleado	Persona	597.000
2	Potencia eléctrica	kW contratado	11.000

NOTA: La cuota resultante de la aplicación de los signos o módulos anteriores incluye, en su caso, la derivada de los servicios de reproducción de planos y la encuadernación de sus trabajos, siempre que estas actividades se desarrollen con carácter accesorio a la actividad principal de servicios de copias de documentos con máquinas fotocopiadoras.

RESUMEN

La determinación de la base imponible se puede realizar por estimación directa, objetiva o indirecta.

La estimación objetiva es un método aplicable a pequeños y medianos empresarios y profesionales.

La modalidad de EO por signos, índices o módulos se aplica a las actividades empresariales incluidas en el mismo por el Ministerio de Economía y Hacienda.

La modalidad de EO por coeficientes se aplica a las restantes actividades empresariales y a las profesionales, si no superan los límites de personal y volumen de operaciones o ingresos.

El sujeto pasivo puede renunciar al método de EO durante el mes de diciembre anterior al año en que deba aplicarse.

CAPÍTULO V

EL PERIODO IMPOSITIVO Y EL DEVENGO DEL IMPUESTO

■

Reglas generales sobre el periodo impositivo

El periodo de imposición coincide con el año natural que va del 1 de enero al 31 de diciembre.

El periodo impositivo será inferior al año natural en los siguientes casos:

a) Tratándose de un sujeto pasivo que tribute individualmente, por fallecimiento del mismo en un día distinto del 31 de diciembre. Así por ejemplo, el sujeto que fallece el 30 de abril tendrá solamente un periodo impositivo del 1 de enero al 30 de abril.

b) En el caso de sujetos pasivos integrantes de una unidad familiar por disolución del matrimonio, tanto si esta se produce por fallecimiento de uno o de ambos cónyuges o por divorcio, nulidad de matrimonio o por separación matrimonial en virtud de una sentencia judicial y por el fallecimiento del padre o la madre solteros, o de cualquiera de los hermanos sometidos a la misma tutela.

c) Cuando el sujeto pasivo contraiga matrimonio conforme a las disposiciones del Código Civil. En este caso, será presupuesto para la interrupción del periodo impositivo la tributación conjunta del matrimonio después de su celebración.

En los supuestos previstos en apartados anteriores, el periodo impositivo finalizará cuando se produzcan las circunstancias que se indican en los mismos, iniciándose en ese momento un nuevo periodo impositivo para los sujetos pasivos, según las nuevas condiciones en que se encuentre que finalizará el 31 de diciembre, si antes de dicha fecha no se vuelve a producir alguna de las circunstancias anteriormente mencionadas.

La base imponible en el supuesto del periodo impositivo inferior a un año será la renta correspondiente al mismo, sin que proceda en ningún caso elevación al año.

Imputación temporal de ingresos y gastos

Se considera que los ingresos y los gastos se imputarán (se contabilizarán a efectos de la declaración de la renta) al periodo en que se hubiesen devengado unos y producido otros, con independencia del momento en que se realicen efectivamente los correspondientes cobros y pagos.

Los ingresos se entienden devengados desde el momento en que sean exigibles por el acreedor y los gastos se producen desde el momento en que quien haya de percibirlos pueda exigirlos.

Se consideran bajo reglas especiales:

a) Las operaciones a plazos con precios aplazados.

Los incrementos y disminuciones patrimoniales se entenderán devengados en el momento en que tenga lugar la alteración patrimonial cuando sea exigible por el acreedor. Se admite, sin embargo, que el sujeto pasivo decida imputarlos de otra forma.

Si se instrumentan efectos cambiarios (letras de cambio) se considerará devengado el ingreso en la fecha de su transmisión.

b) En el caso de subvenciones se considerarán obtenidos los ingresos en la misma medida en que se amorticen los bienes financiados con cargo a dicha subvención. Si el bien no es amortizable o tiene una amortización superior a 10 años, se computará como ingreso el 10 % de la subvención cada año durante dicho periodo.

c) Transparencia fiscal.

En las sociedades de régimen de transparencia fiscal se imputarán sus beneficios a los socios en el periodo impositivo en que se hubiera aprobado el balance correspondiente y siempre respecto a aquellos socios que tuvieran tal condición en la fecha de cierre del referido balance.

d) Incrementos patrimoniales no justificados.

Dichos incrementos se imputarán al periodo en que sean descubiertos por la Administración, no obstante se permite prueba en contrario del sujeto pasivo.

Imputación temporal propuesta por el sujeto pasivo

Pueden utilizarse otros criterios de imputación de los gastos e ingresos, siempre que se cumplan los siguientes requisitos:

a) Que se justifique y manifieste la propuesta al presentar la declaración correspondiente al primer ejercicio en que deba surtir efecto.
b) Que se especifique el plazo de aplicación dentro del cual el sujeto pasivo deberá ajustarse necesariamente a los criterios por él escogidos. La duración mínima del plazo será de tres años.
c) Que no originen alteración alguna en la calificación fiscal de los ingresos y los gastos.

Devengo del impuesto

El impuesto se devenga el último día del periodo impositivo, es decir, el 31 de diciembre de cada año, aunque la liquidación y el pago, en su caso, se realice en el año siguiente.

RESUMEN

El periodo impositivo es el año natural, es decir de 1 de enero a 31 de diciembre de cada año.

Sin embargo existen unos supuestos especiales que le dan un tratamiento especial al año natural.

Como regla general los ingresos y los gastos se imputan, es decir se contabilizan, en el periodo en que se hubieran devengado unos y producidos los otros, con independencia del momento en que efectivamente se realicen los cobros y los pagos.

El devengo del impuesto se produce el día 31 de diciembre, con independencia de que la declaración e ingreso, en su caso, se realicen el año siguiente.

CAPÍTULO VI

GESTIÓN DEL IMPUESTO

Obligación de declarar

Están obligados a declarar los sujetos pasivos que obtengan rendimientos o incrementos de patrimonio sometidos al impuesto.

Sin embargo, no están obligados a declarar los sujetos pasivos por obligación personal de contribuir que obtengan rendimientos inferiores a 1.100.000 ptas. brutas anuales procedentes exclusivamente de alguna de las siguientes fuentes:

— rendimientos del trabajo personal dependiente, computándose en su caso (declaración conjunta) todos los ingresos de esta naturaleza de la unidad familia;
— rendimientos de capital mobiliario e incrementos de patrimonio que no superen conjuntamente las 250.000 ptas. brutas anuales.

A estos efectos de límite, no se tendrán en cuenta los rendimientos de la vivienda propia que constituye la residencia habitual del sujeto pasivo, o en su caso de la unidad familiar.

Este límite, es de 1.200.000 ptas. en los casos en que correspondería hacer la declaración conjunta, y también cuando la renta proceda sólo de pensiones y haberes pasivos.

Declaración conjunta o separada

Una de las novedades de la nueva Ley del I.R.P.F. (junto con el régimen de estimación objetiva) es el carácter general de la tributación individual, siendo la tributación conjunta una opción voluntaria. Es decir, lo contrario de lo que sucedía anteriormente.

En efecto, la ley considera que, en general, cualquier sujeto pasivo debe tributar individualmente, con independencia de que conviva con su familia o no. Sin embargo, las personas físicas integradas en una unidad familiar (cónyuges con o sin hijos, o el padre o la madre con hijos menores), pueden optar, en cualquier periodo impositivo, por tributar conjuntamente.

Cuando un miembro de la unidad familiar presente declaración individual, se aplica el mismo régimen a los otros sujetos pasivos de la misma.

El ejercicio de la opción de tributación individual para un periodo impositivo determinado, no impide a los miembros de la unidad familiar tributar de forma conjunta en otros posteriores.

Cómo determinar la renta de cada uno de los sujetos pasivos

Con independencia del régimen matrimonial-económico aplicable a los cónyuges se tendrán en cuenta las siguientes normas:

— los rendimientos del trabajo corresponden exclusivamente al que haya generado el derecho a su percepción;
— las pensiones y haberes pasivos corresponden a las personas a cuyo favor estén reconocidas (es decir, quien las cobre de forma efectiva y real);
— los rendimientos de capital (intereses, dividendos, etc.) se consideran obtenidos por los sujetos pasivos titulares de los elementos patrimoniales;
— los rendimientos de actividades profesionales, artísticas y empresariales, se consideran obtenidos por quienes realicen de forma habitual, personal y directa, la ordenación por cuenta propia de los medios de producción y de los recursos humanos.

Se presume, salvo prueba en contrario, que dichos requisitos concurren en quienes figuren como titulares de la explotación.

Cuando se acredite de forma fehaciente que el cónyuge o hijos menores del titular (mediante contrato laboral), trabajan en el desarrollo de actividades empresariales, profesionales o artísticas de forma habitual y con continuidad, se deducirán para determinar los rendimientos de la explotación, las retribuciones estipuladas con cada uno de ellos. Ello, siempre que no sean estas remuneraciones superiores al coste normal de mercado, según su cualificación profesional y el puesto de trabajo que ocupen.

Por lo que se refiere al cónyuge e hijos, estas retribuciones deben computarse como rendimientos del trabajo personal. Si el cónyuge o hijos menores realizan prestaciones de bienes, derechos o servicios, aquel puede deducir para calcular sus rendimientos, la contraprestación estipulada, siempre que no exceda del valor del mercado (es decir, la retribución media normal en este tipo de actividades).

Estas cantidades se imputarán en los rendimientos de capital del cónyuge o hijos menores.

Los rendimientos de la explotación no pueden resultar negativos, como consecuencia de la aplicación de las reglas anteriores.

Cómo determinar la base imponible

A la tributación conjunta de los miembros de una unidad familiar, les son de aplicación las mismas normas generales que se aplican a la individual, respecto a la determinación de la renta de los sujetos pasivos que la integran. Las rentas de cualquier clase obtenidas por las personas físicas integradas en una unidad familiar que hayan optado por la tributación conjunta, son gravadas acumuladamente.

Todo ello, sin perjuicio de lo que se ha dicho respecto al límite máximo de renta exenta de la obligación de declarar, y de lo que se comentará respecto a los tipos de gravamen y las deducciones.

En todo caso, los miembros de la unidad familiar que hayan optado por la tributación conjunta, quedan sometidos al impuesto de forma solidaria, sin perjuicio de que tengan derecho a prorratear la deuda tributaria entre sí, según la parte que corresponda a cada uno.

En la tributación conjunta, los rendimientos irregulares negativos, deben ser compensados según las normas generales del impuesto. Lo mismo cabe decir de las disminuciones patrimoniales y las bases liquidables negativas, realizadas y no compensadas por los componentes de la unidad familiar en periodos impositivos anteriores en que hayan tributado individualmente.

Los mismos conceptos determinados en tributación conjunta, son compensables exclusivamente, en caso de tributación individual posterior, por aquellos sujetos pasivos a quienes corresponden, de acuerdo con las reglas sobre individualización de rentas.

Normas sobre la titularidad de los bienes y derechos que forman la unidad familiar

Los bienes y derechos se atribuyen a los sujetos pasivos según las normas de titularidad jurídica aplicables a cada caso y en función de las pruebas aportadas por aquellos o aquellas que descubra la administración.

En todo caso serán de aplicación las normas de titularidad jurídica de bienes y derechos contenidas en las disposiciones reguladoras del régimen económico matrimonial, así como por los preceptos de la legislación civil.

Si los bienes y derechos son comunes a ambos cónyuges, se atribuirá por partes iguales.

En el caso de que la titularidad no resulte claramente identificada, la Administración puede considerar como titular a quien figure como tal en el registro fiscal u otros similares.

El régimen de tributación conjunta, tiene carácter voluntario, al igual que el de la declaración individual examinado anteriormente.

Lugar de presentación de la declaración

Los sujetos sometidos por obligación personal a contribuir, deberán presentar la declaración al órgano competente de la administración tributaria en cuya demarcación territorial tenga su domicilio fiscal.

Cuando el ingreso se realice en bancos u otras entidades, el justificante del mismo se introducirá en el sobre que contenga la declaración y documentos necesarios (más adelante nos referiremos a los mismos).

El sobre, una vez cerrado, se entregará a la entidad colaboradora para su remisión a la correspondiente delegación o administración de Hacienda.

Los sujetos sometidos por obligación real de contribuir la presentarán en la delegación de Hacienda en cuya demarcación territorial radique la parte principal de los bienes o actividades. En el supuesto de no poderse determinar se presentará en la delegación de Hacienda en cuya demarcación tenga el domicilio el representante.

Relación de los socios en las sociedades transparentes

Las sociedades de transparencia fiscal deben presentar una relación de sus socios referida al último día del periodo impositivo del Impuesto sobre la Renta con indicación del resultado imputable a cada socio.

Cuando el periodo impositivo de la sociedad no coincide con el año natural, la relación de socios será referida al último día del periodo impositivo social.

La relación se presenta conjuntamente con la preceptiva declaración del Impuesto sobre Sociedades.

Plazo de presentación, declaración y pago

El plazo de presentación de la declaración será el comprendido entre el día 1 de mayo y el 20 de junio de cada año.

Por excepción, las declaraciones con derecho a devolución podrán presentarse hasta el 30 de junio.

El Ministerio de Economía y Hacienda puede anticipar o prorrogar los plazos para una parte determinada de los contribuyentes o para aquellas zonas territoriales que señale por razones fundadas para cada ejercicio.

Los contribuyentes que lo deseen pueden distribuir el pago de la cuota en dos partes:

— la primera, el 60 % de su importe, en el momento de presentar la declaración;
— la segunda, el 40 % restante, hasta el día 5 de noviembre.

Está prohibido realizar ingresos mediante el envío de cheques por correo.

Declaración del Impuesto sobre el Patrimonio

La Declaración del Impuesto sobre la Renta se presentará al mismo tiempo que la correspondiente al Impuesto sobre el Patrimonio, cuando deban declararse ambos tributos.

Documentos a acompañar

Los sujetos pasivos que deban presentar la declaración, deben adjuntar al ejemplar para la Administración una fotocopia del Documento Nacional de Identidad en ausencia de etiqueta identificativa.

Devolución de oficio

Cuando el total de las cantidades retenidas y los ingresos a cuenta en virtud de pagos fraccionados supere el importe de la cuota resultante de la liquidación provisional a ingresar antes de practicar la deducción de estos ingresos a cuenta, la Administración procederá a devolver de oficio, en el plazo de 30 días, el exceso ingresado sobre la cuota.

Posteriormente nos referiremos al funcionamiento y mecánica de dicha devolución.

RESUMEN

La obligación de declarar para el ejercicio de 1996, se establece en 1.100.000 de ptas, de ingresos brutos anuales en caso de tributación individual, y de 1.200.000 ptas. en caso de tributación conjunta y también de pensiones o haberes pasivos.

Para el cálculo de la base imponible se estará al régimen de declaración que elija la unidad familiar, es decir, si hacen declaración conjunta o declaración separada.

El plazo de presentación de la declaración se inicia el día 1 de mayo y finaliza el 20 de junio.

En el caso de que la declaración sea negativa el plazo se extiende hasta el día 30 de junio.

Los contribuyentes que lo deseen pueden distribuir el pago en dos partes. Un 60 % en el momento de presentar la declaración y el 40 % restante hasta el día 5 de noviembre.

La declaración del Impuesto de Patrimonio se realizará conjuntamente con el Impuesto sobre la Renta.

CAPÍTULO VII

LA DEUDA TRIBUTARIA

■

Tarifa del impuesto y límites de la cuota

La base liquidable regular correspondiente al ejercicio de 1996 será gravada a los tipos que se indican en la escala individual siguiente:

Base liquidable hasta — Pesetas	Cuota íntegra — Pesetas	Resto base liquidable hasta — Pesetas	Tipo aplicable — Porcentaje
0	0	430.000	0,0
430.000	0	642.000	20,0
1.072.000	128.400	610.000	22,0
1.682.000	262.600	610.000	24,5
2.292.000	412.050	610.000	27,0
2.902.000	576.750	610.000	30,0
3.512.000	759.750	610.000	32,0
4.122.000	954.950	610.000	34,0
4.732.000	1.162.350	610.000	36,0
5.342.000	1.381.950	610.000	38,0
5.952.000	1.613.750	610.000	40,0
			(...)

Base liquidable hasta — Pesetas	Cuota íntegra — Pesetas	Resto base liquidable hasta — Pesetas	Tipo aplicable — Porcentaje
(...)			
6.562.000	1.857.750	610.000	42,5
7.172.000	2.117.000	610.000	45,0
7.782.000	2.391.500	610.000	47,0
8.392.000	2.678.200	610.000	49,0
9.002.000	2.977.100	610.000	51,0
9.612.000	3.288.200	610.000	53,5
10.222.000	3.614.550	en adelante	56,0

Para las unidades familiares que hayan optado por la tributación conjunta, la escala de tipos de gravamen aplicable es el siguiente:

Base liquidable hasta — Pesetas	Cuota íntegra — Pesetas	Resto base liquidable hasta — Pesetas	Tipo aplicable — Porcentaje
0	0	857.000	0,00
857.000	0	1.285.000	20,00
2.142.000	257.000	670.000	24,50
2.812.000	421.150	670.000	27,00
3.482.000	602.050	670.000	30,00
4.152.000	803.050	670.000	32,00
4.822.000	1.017.450	670.000	34,00
5.492.000	1.245.250	670.000	36,00
6.162.000	1.486.450	670.000	38,00
6.832.000	1.741.050	670.000	40,00
7.502.000	2.009.050	670.000	42,50
8.172.000	2.293.800	670.000	45,00
8.842.000	2.595.300	670.000	47,00
9.512.000	2.910.200	670.000	49,00
10.182.000	3.238.500	670.000	51,00
10.852.000	3.580.200	938.000	53,50
11.790.000	4.082.030	en adelante	56,00

La cuota íntegra es el resultado de aplicar el tipo de gravamen correspondiente a la base liquidable.

Se entiende por tipo medio de gravamen el resultado de multiplicar por 100 el cociente obtenido de dividir la cuota resultante de la aplicación de la escala por la base liquidable regular. Se expresa con dos decimales.

Cuando el tipo medio de gravamen resulte superior al tipo general del Impuesto sobre Sociedades, la cuota íntegra se reducirá en la cuantía resultante de aplicar la diferencia entre el citado tipo medio y el tipo general del Impuesto sobre Sociedades al importe de los incrementos de patrimonio que formen parte del rendimiento neto positivo de las actividades profesionales o empresariales. A estos efectos, del importe de los incrementos de patrimonio se deducirá, en su caso, el de las disminuciones de patrimonio que se hubiesen tenido en cuenta para la determinación del rendimiento neto de la actividad.

Rentas irregulares y su tratamiento

Hasta ahora, nos hemos referido a las rentas consideradas como regulares. Pero pueden existir otras, conocidas como rentas irregulares.

Se consideran rentas irregulares:

— los rendimientos que se obtengan por el sujeto pasivo de forma notoriamente irregular en el tiempo o que, siendo regular, su ciclo de producción sea superior a un año;
— los incrementos y disminuciones de patrimonio que se pongan de manifiesto con ocasión de la transmisión de elementos patrimoniales adquiridos con más de un año de antelación a la fecha en que se obtenga el incremento o disminución o de derechos de suscripción que procedan de valores adquiridos con la misma antelación.

En cambio, en ningún caso tendrán la consideración de rentas irregulares:

— los incrementos y disminuciones patrimoniales afectos a actividades empresariales o profesionales;
— los rendimientos irregulares negativos procedentes de actividades empresariales o profesionales.

Los rendimientos irregulares procedentes del trabajo personal o del capital, así como los irregulares positivos de actividades empresariales o profesionales, se han de dividir por el número de años comprendidos en el periodo que se hayan generado, contados de fecha a fecha. En los casos en que no pueda determinarse dicho periodo, se tomará el de cinco años. El cociente así hallado se integrará con los rendimientos regulares del sujeto pasivo para determinar su renta regular.

Los demás rendimientos irregulares, se integrarán y compensarán exclusivamente entre sí. Si el resultado arrojase un saldo negativo, su importe se compensará con el de los rendimientos irregulares que se produzcan durante los cinco años siguientes. La compensación se efectuará hasta la cuantía máxima que permitan los rendimientos irregulares, sin que pueda efectuarse fuera de dicho plazo, mediante la acumulación de rendimientos irregulares negativos de años posteriores.

En cuanto a los incrementos y disminuciones de patrimonio irregulares, también deben compensarse exclusivamente entre sí. Si el resultado es negativo, su importe puede compensarse con los incrementos irregulares de patrimonio que se pongan de manifiesto durante los cinco años siguientes. En cambio, si es positivo, se disminuirá en su caso, con el límite de su importe, en la cuantía de las disminuciones regulares del patrimonio.

El resultado positivo de tales operaciones, constituye el importe de la renta irregular que, a su vez, es la parte irregular de la base imponible y de la base liquidable.

Esta base liquidable irregular debe gravarse con el tipo que resulte mayor de los dos siguientes:

- — el tipo medio de gravamen, explicado en el epígrafe anterior, aplicable a la base liquidable regular;
- — el tipo medio resultante de aplicar la escala de gravamen al 50 % de la base irregular.

El resultado obtenido, debe sumarse a la cuota correspondiente a la base liquidable regular, constituyendo la suma de ambas la cuota íntegra.

Declaración simplificada

El Real Decreto 360/87, de 20 de febrero, regula el ámbito de aplicación de la declaración simplificada:

1. Las declaraciones del I.R.P.F. pueden ser de dos modalidades:

a) La declaración ordinaria (modelo 100), que es aplicable con carácter general a todos los sujetos pasivos.

b) La declaración simplificada (modelo 101), que será aplicable a aquellos sujetos pasivos integrados o no en unidades familiares cuyas rentas procedan de:

— rendimientos del trabajo personal;
— rendimientos del capital inmobiliario derivados de la propiedad, posesión o usufructo de viviendas, cualquiera que sea su destino sin limitación por el número de inmuebles;
— rendimientos de capital mobiliario. En concreto de valores mobiliarios de renta fija o variable, cuentas corrientes de ahorro y plazo, sin limitaciones por razón de la cuantía o de la modalidad de los mismos;
— pensiones y haberes pasivos, a favor de personas que no generaron el derecho a su percepción;
— rendimientos de actividades empresariales en REOS simplificada, incluidas también las agrícolas y ganaderas, en EO por módulos;
— pensiones compensatorias entre cónyuges y anualidades por alimentos satisfechos por decisión judicial.

c) La declaración simplificada no podrá aplicarse a los perceptores de rendimientos implícitos de capital mobiliario, sujetos a la retención del 45 %.

d) La declaración abreviada modelo 103.

2. La declaración simplificada del I.R.P.F. no tiene ningún tipo de límite. Para anteriores ejercicios la cifra máxima había sido de 1.590.000 pesetas.

RESUMEN

La declaración de la renta tiene tres modalidades, la ordinaria, la simplificada y la abreviada. En ambos supuestos las reglas y en definitiva la cantidad a ingresar, en su caso, es la misma, sin embargo la simplificada posee unas normas que facilitan su cumplimentación.

La simplificada se aplica a aquellos que tienen rendimientos del trabajo personal, así como a aquellos sujetos que ejerzan actividades empresariales en el régimen simplificado.

La declaración simplificada es totalmente opcional, siempre que se esté incluido en los supuestos que legalmente se determinan.

CAPÍTULO VIII

DEDUCCIONES DE LA CUOTA

■

Deducciones por cada concepto

Deducciones familiares

1. Por cada descendiente soltero que conviva con el sujeto pasivo:

— 21.500 ptas. por cada uno de los dos primeros;
— 26.000 ptas. por el tercero;
— 31.000 ptas. por el cuarto y por cada uno de los siguientes.

Esta deducción no es aplicable si los descendientes:

— han cumplido los 30 años (excepto los incluidos en el apartado 4);
— obtienen rentas anuales superiores al salario mínimo interprofesional.

Si los descendientes conviven con ascendientes con los que tengan distinto grado de parentesco, sólo podrán aplicar la deducción los de grado más próximo (salvo que estos obtengan ingresos inferiores al salario mínimo, en cuyo caso, podrán aplicarla los más lejanos). Cuando los descendientes convivan con varios ascendientes del mismo grado, la deducción la deben practicar por partes iguales en la declaración de cada uno (si hacen declaraciones individuales).

Las personas vinculadas al sujeto pasivo por razón de acogimiento no remunerado, se equiparan a los descendientes a los efectos de lo dispuesto en esta letra.

2. Por cada uno de los ascendientes que convivan con el contribuyente que no tengan ingresos superiores anuales al salario mínimo: 16.000 ptas.

Esta deducción será de 32.000 ptas. si la edad del ascendiente fuera igual o superior a 75 años.

Cuando los ascendientes convivan con ambos cónyuges la deducción ha de efectuarse por mitad. Los hijos no podrán practicarla si los padres pueden hacerlo.

3. Por cada sujeto pasivo, en su caso miembro de la unidad familiar de edad igual o superior a 65 años: 16.000 ptas.

4. Por cada sujeto pasivo, y en su caso, por cada descendiente soltero o cada ascendiente, cualquiera que sea su edad, que dependa del mismo, siempre que estos últimos no tengan rentas anuales superiores al salario mínimo interprofesional, garantizado para mayores de 18 años en el periodo impositivo de que se trate, que sean invidentes, mutilados o inválidos, físicos o psíquicos, congénitos o sobrevenidos, en el grado reglamentariamente establecido, además de las deducciones que procedan de acuerdo con lo dispuesto en los números anteriores: 56.000 pesetas.

Asimismo, procederá la aplicación de esta deducción cuando la persona afectada por la minusvalía esté vinculada al sujeto pasivo por razones de tutela o acogimiento no remunerado y se den las circunstancias de nivel de renta y grado de invalidez expresada en el párrafo anterior.

Cuando las personas que den derecho a esta deducción dependan de varios sujetos pasivos, la deducción se prorrateará por partes iguales en la declaración de cada uno.

En concepto de gastos de enfermedad

El 15 % de los gastos sufragados por el sujeto pasivo durante el periodo de imposición (1996), por razones de enfermedad, accidentes o invalidez, de personas que componen la unidad familiar, o de otras que den derecho a la deducción de la cuota, así como por los honorarios profesionales médicos y por clínica, con motivo del nacimiento de los hijos del contribuyente y de las cuotas satisfechas a mutualidades o sociedades de seguros médicos.

La deducción de estos gastos está condicionada a su justificación documental.

Deducciones por inversiones

1. Por seguros y planes de pensiones.

El 10 % de las primas satisfechas por razón de contratos de seguro de vida, muerte o invalidez, conjunta o separadamente, celebrados con entidades legalmente establecidas en España, cuando el beneficiario sea el sujeto pasivo, o en su caso, el miembro contratante de la unidad, su cónyuge, ascendientes o descendientes, así como las cantidades abonadas con carácter voluntario a montepíos laborales y mutualidades, cuando amparen entre otros los riesgos de muerte o invalidez.

Se exceptúa de la norma anterior los contratos de seguro de capital diferido y mixto.

2. Deducciones por adquisición de vivienda.

El 15 % de las cantidades satisfechas en el ejercicio de que se trate por adquisición o rehabilitación de la vivienda que constituya o vaya a constituir la residencia habitual del contribuyente.

Se entiende por residencia habitual la vivienda en la que el contribuyente, la unidad familiar o cualquiera de los miembros resida durante un plazo continuado de tres años.

No obstante, se entenderá que la vivienda tuvo aquel carácter cuando, a pesar de no haber transcurrido dicho plazo, concurran las circunstancias que necesariamente exijan cambio de vivienda.

La base de la deducción son las cantidades satisfechas para la adquisición o rehabilitación de la vivienda, incluidos los gastos originados que hayan corrido a cargo del adquirente, excepto los intereses, en su caso, que serán deducibles de los ingresos. A efectos de esta deducción no se computarán las cantidades que constituyan incrementos de patrimonio no gravados, por reinvertirse en la adquisición de una nueva vivienda habitual.

3. Deducciones por inversiones en bienes artísticos.

a) El 15 % de las inversiones realizadas en la adquisición de bienes inscritos en el Registro General de Bienes de Interés Cultural, del patrimonio histórico español, siempre que el bien haya permanecido en el patrimonio del titular durante un periodo de tiempo no inferir a tres años, y se formalice la comunicación de la transmisión a dicho registro.

b) El 15 % de los gastos de reparación, restauración, difusión y exposición de los bienes que cumplan los requisitos expresados en el apartado anterior, en tanto no se puedan deducir como gastos para la determinación del rendimiento neto.

4. Límites a las deducciones.

La base del conjunto de las deducciones contenidas en los números 1, 2, 3 anteriores, así como la establecida en el apartado «otras deducciones» número 1, tienen como límite el 30 % de la base imponible del sujeto pasivo o en su caso unidad familiar.

Para la aplicación de las deducciones de los apartados 1.°, 2.° y 3.°, será necesario que el importe comprobado del patrimonio del contribuyente al finalizar el periodo de imposición 31.12.96, exceda del valor que arrojase la comprobación al comienzo del mismo, por lo menos en la cuantía de las inversiones realizadas.

A estos efectos, no se computarán las plusvalías o minoraciones de valor experimentadas durante el periodo de la imposición por los bienes que al final del mismo sigan formando parte del patrimonio del contribuyente.

Deducciones por actividades empresariales, profesionales y artísticas

A los sujetos pasivos que ejerzan actividades empresariales, profesionales o artísticas les será de aplicación el régimen de deducciones y estímulos a la inversión establecidos en impuestos sobre sociedades, con los mismos tipos y límites.

Sin embargo, lo establecido en el párrafo anterior, los sujetos que estén acogidos al régimen de estimación objetiva singular no tendrán derecho a dichas deducciones con motivo de su actividad empresarial.

Los límites que se establecen en el Impuesto sobre Sociedades, aplicables al Impuesto sobre la Renta, se aplicarán sobre la cuota resultante de restar a la cuota íntegra las deducciones examinadas anteriormente.

Otras deducciones

1. Deducciones por alquiler: el 15 % con un máximo de 100.000 ptas. anuales, de las cantidades satisfechas en el periodo impositivo por el alquiler de la vivienda habitual del sujeto pasivo, siempre que concurran los dos requisitos siguientes:

— que la base imponible del sujeto pasivo no sea superior a tres millones y medio de pesetas (cinco millones en caso de declaración conjunta) anuales;
— que las cantidades satisfechas en concepto de alquiler excedan del 10 % de los rendimientos netos del sujeto pasivo.

2. Deducción por gastos de custodia de niños: el 15 %, con un máximo de 25.000 ptas. anuales, de las cantidades satisfechas durante el periodo impositivo por la custodia de los hijos menores de 3 años, si los padres trabajan fuera del hogar y el sujeto pasivo tiene rendimientos netos inferiores a dos millones de pesetas (tres millones en caso de declaración conjunta). Se debe contar con justificación adecuada de las cantidades abonadas.
3. Deducción por donativos: el 25 % de las donaciones de bienes declarados de interés cultural, por formar parte del patrimonio histórico español, y el 10 % de las demás donaciones que se hagan a favor del Estado, comunidades autonómicas, corporaciones locales, universidades públicas, Cruz Roja, confesiones religiosas reconocidas, fundaciones y asociaciones declaradas de utilidad públicas.
4. Deducción por dividendos: el 40 % del importe de los dividendos de sociedades percibidos por el sujeto pasivo, siempre que hayan tributado efectivamente, sin ninguna reducción ni bonificación, por el Impuesto sobre Sociedades, con carácter general.

5. Deducción del Impuesto de Plusvalías: el 75 % de la cuota del Impuesto Municipal sobre Incremento del Valor de los Terrenos de Naturaleza Urbana, cuando corresponda a alteraciones patrimoniales de las que hayan derivado incrementos gravados por el I.R.P.F.

6. Deducción por trabajo personal: 27.000 ptas. por la percepción de rendimientos del trabajo dependiente (27.000 ptas. por cada uno de los miembros de la unidad familiar que trabaje por cuenta ajena, en caso de declaración conjunta).

El importe de la deducción será de 72.000 ptas. para los sujetos pasivos cuyos rendimientos netos sean iguales o inferiores a 1.071.000 ptas. anuales. Para los rendimientos netos comprendidos entre 1.071.000 y 1.971.000 ptas., la deducción será de 72.000 menos el resultado de multiplicar por 0,05 la diferencia entre el rendimiento neto y 1.071.000. Esto no es de aplicación a quienes perciben rendimientos netos iguales o superiores a los dos millones de pesetas.

7. Deducción por residencia en Ceuta y Melilla: si entre los rendimientos o incrementos computados para la determinación de las bases liquidables positivas figura alguno obtenido en Ceuta, Melilla y sus dependencias, se deducirá el 50 % de la parte de la cuota íntegra que proporcionalmente corresponda a las rentas obtenidas en dichos territorios.

Esta deducción sólo es aplicable a los residentes en dichas plazas, excepto para las rentas procedentes de acciones o participaciones de sociedades que tengan allí su domicilio y su objeto exclusivo, y para los rendimientos de establecimientos permanentes situados en la misma, que sí pueden ser deducidos por los no residentes.

Esquema

— Deducción por hijo: 21.500 ptas. el 1.° y el 2.°;
26.500 ptas. el 3.°;
31.000 ptas. el 4.° y siguientes.

— Deducción por ascendientes: 16.000 ptas.
— Deducción por ascendientes mayores de 75 años: 32.000 ptas.
— Deducción por tener más de 65 años: 16.000 ptas.
— Deducción por minusválidos: 56.000 ptas.
— Deducción por gastos de enfermedad: 15 %.
— Deducción por seguros de vida, muerte o invalidez: 10 %.
— Deducción por adquisición/rehabilitación de vivienda: 15 %.
— Deducción por adquisición o conservación de bienes de interés cultural: 25 %.
— Deducción por alquiler de vivienda: 15 %.
— Deducciones establecidas en el Impuesto de Sociedades.
— Deducción por gastos de custodia de niños: 15 %.
— Deducciones por donación de bienes de interés cultural: 25 %.
— Deducción por otros donativos: 10 %.
— Deducción por trabajo personal: 27.000 ptas.
— Deducción por rendimientos de Ceuta y Melilla: 50 %.

RESUMEN

Una vez aplicado el tipo sobre la base imponible, al resultado se le denomina cuota íntegra. A esta cuota íntegra hay que restarle las deducciones para obtener la cuota líquida.

Las deducciones se pueden clasificar en los siguientes grupos:

— Deducciones familiares.
— Deducciones por gastos de enfermedad.
— Deducciones por donaciones.
— Deducciones por dividendos.
— Deducciones por rendimiento de trabajo.
— Y otras deducciones.

CAPÍTULO IX

RETENCIONES

■

Personas obligadas a retener

Cuando se satisfacen rendimientos de trabajo, de capital mobiliario, o bien de actividades profesionales o artísticas, están obligadas a realizar retención las personas o entidades que se citan a continuación:

a) Personas jurídicas y demás entidades residentes.
b) Personas físicas, jurídicas y demás entidades no residentes pero que operen con establecimiento permanente.
c) Los titulares de explotaciones económicas y actividades profesionales o artísticas con residencia habitual en España.
d) Los sujetos pasivos por obligación real, que operen en España sin mediación de establecimientos permanentes, en cuanto a los rendimientos de trabajo que satisfagan.

Reglas especiales en los rendimientos de capital mobiliario

Las retenciones de rendimientos de capital mobiliario se efectuarán por las siguientes personas o entidades:

a) En los rendimientos obtenidos en la amortización o reembolso de activos financieros, el retenedor será la entidad emisora o las instituciones financieras encargadas de la operación.
b) En los rendimientos obtenidos en transmisiones relativas a operaciones que no se documenten en títulos, así como en las transmisiones encargadas a una institución financiera, el retenedor será el banco, caja o entidad que actúe por cuenta del transmitente.
c) En los casos no contemplados en los apartados anteriores, será obligatoria la intervención del fedatario público que practicará la correspondiente retención.

Excepciones a la obligación de retener

No existe obligación de practicar retenciones ni ingresos a cuenta sobre los siguientes conceptos:

a) Las rentas exentas de I.R.P.F.
b) Los rendimientos derivados de planes de ahorro popular.
c) Los rendimientos de los Pagarés del Tesoro y de los valores emitidos por el Tesoro o por el Banco de España como instrumentos reguladores de la intervención en el mercado monetario.
d) Los rendimientos de los depósitos en moneda extranjera y de cuentas extranjeras en pesetas que se satisfagan a personas no residentes en España, excepto si se trata de pagos realizados a establecimientos permanentes, por el Banco de España, Bancos privados, Cajas de Ahorro y Rurales, o Cooperativas de Crédito.
e) Los dividendos repartidos por Sociedades de Inversión Mobiliaria, con acciones que coticen en Bolsa, cuando sean percibidos por residentes en otros países comunitarios.
f) Los resultados distribuidos a los partícipes de Fondos de Inversión, en las mismas condiciones que en la letra anterior.
g) Los rendimientos que se satisfagan o abonen a sujetos pasivos por obligación real de contribuir que actúen sin mediación de establecimiento permanente, cuando se acredite el pago del impuesto.

h) Los premios que se entreguen como consecuencia de juegos organizados al amparo de lo previsto en el Real Decreto Ley 16/1977 de 25 de febrero. En los restantes, sí que es obligatoria la retención, siempre que el importe del premio, o su valor, sea superior a las 100.000 pesetas.
i) Los rendimientos del capital inmobiliario exentos.
j) Las primas de conversión de obligaciones en acciones, cuando tengan la consideración de rendimientos del capital mobiliario.

Las exclusiones a que hacen referencia los apartados anteriores no impedirán el cumplimiento de las obligaciones de información correspondientes.

La obligación de retener nace en el momento en que los intereses sujetos a retención resulten exigibles por el perceptor.

Se entienden exigibles los intereses en las fechas de vencimiento señaladas en la escritura o contrato para su liquidación o cobro.

Cuando una persona física o jurídica satisfaga rendimientos sujetos al I.R.P.F., sobre los cuales deba practicarse retenciones a cuenta, efectuará el ingreso del importe de la retención de los plazos previstos legalmente.

El incumplimiento de esta obligación constituye infracción tributaria.

Retenciones e ingresos a cuenta

Retribuciones o premios dinerarios: determinación del porcentaje de retención

Perceptor	Base para el cálculo del porcentaje[1]	Porcentaje de rentención[2]
a) Empleados y funcionarios en	Percepción íntegra que vaya normalmente a percibir el trabajador durante el año natural.	Según tabla I)

(continuación)

Perceptor	Base para el cálculo del porcentaje[1]	Porcentaje de retención[2]
b) Prestaciones por desempleo reconocidas por la Entidad Gestora.	Importe de la prestación que vaya a percibirse durante el año natural.	Según tabla II)[3]
c) Trabajadores minusválidos en grado igual o superior al 33 %.	85 % de la base determinada según el apartado *a*) anterior.	Según tabla I)
d) Relaciones laborales especiales de carácter dependiente (caso de representantes de comercio con este tipo de relación).	La determinada según el apartado *a*).	Según tabla I) Mínimo 15 %[4]
e) Trabajadores con contratos o relaciones de duración inferior a un año.	Percepción íntegra que vaya a percibir el trabajador durante el año natural de acuerdo con las estipulaciones contractuales.[5]	Según tabla I) Mínimo 2 %[4]
f) Trabajadores manuales con retribuciones por peonadas o jornales diarios, consecuencia de una relación esporádica y diaria con el empleador.	Importe de una peonada o jornal diario multiplicado por 100.	Según tabla I)
g) Tripulaciones de embarcaciones de pesca cuando las retribuciones consistan, total o parcialmente, en una participación en el valor de la pesca capturada:		
g.*1*) Si perciben salarios mínimos garantizados y una participación en el valor de la pesca.	Resultado de multiplicar el salario mínimo garantizado previsto en las Ordenanzas y Convenios Colectivos, por los coeficientes establecidos en el R.D. 1.841/1991.	Según tabla I) Mínimo 2 %
g.2) Si sólo perciben una participación en el valor de la pesca.	Remuneraciones anuales estimadas a efectos del Decreto 2.864/1974.	Según tabla I) Mínimo 2 %

(continuación)

Perceptor	Base para el cálculo del porcentaje[1]	Porcentaje de retención[2]
h) Pensionistas y perceptores de haberes pasivos.	La determinada según el apartado *a)*.	Según tabla I)
i) Miembros de los consejos de administración o de las juntas que hagan sus veces	—	30 %
j) Profesionales (incluye artistas y deportistas en el ejercicio libre de su profesión).	—	15 %
k) Representantes garantizados de Tabacalera S. A., recaudadores municipales, agentes de seguros que utilicen subagentes y delegados territoriales del O.N.L.A.E. procedentes del Patronato de Apuestas Mutuas Deportivo-Benéficas.	—	8 %
l) Perceptores de rendimientos del capital mobiliario.	—	25 %
m) Perceptores de premios como consecuencia de la participación en juegos, concursos, rifas o combinaciones aleatorias.	—	25 %[6]
n) Ganaderos y agricultores (excepto para engorde de porcino y avicultura)	—	2 %
o) Ganaderos con actividad de engorde de porcino o avicultura.	—	1 %

NOTAS:

1. La percepción íntegra anual incluirá tanto las retribuciones fijas como las variables previsibles, cuyo importe no podrá ser inferior al de las obtenidas durante el año anterior, siempre que no concurran circunstancias que hagan presumir una noto-

ria reducción de la misma. Para la determinación de la percepción íntegra anual no se tendrán en cuenta las retribuciones en especie que, en su caso, se satisfagan.

Si entre las retribuciones a computar se incluyese alguna que tuviese la calificación de rendimiento irregular para el cálculo del porcentaje, de retención únicamente se computará respecto a ella el cociente resultante de dividir su importe por el número de años en que se haya generado.

Cuando el perceptor de rendimientos del trabajo estuviese obligado a satisfacer, por resolución judicial, una pensión compensatoria a su cónyuge, el importe de esta podrá disminuir el volumen de retribuciones a tener en cuenta para el cálculo del porcentaje de retención. Dicha reducción sólo resultará aplicable cuando el trabajador prestase sus servicios bajo la vigencia de un contrato de duración indefinida y sólo podrá ser invocada a partir del periodo impositivo siguiente a aquel en que se hubiese fijado judicialmente la pensión. Si el porcentaje de retención resultante fuese inferior al 2 %, se aplicará este último.

2. El porcentaje de retención determinado se aplicará a la totalidad de las retribuciones que se abonen o satisfagan, aunque estas difieran de las que sirvieron para su determinación. Excepcionalmente, cuando en virtud de normas de carácter general o convenios colectivos se produzcan durante el año variaciones en la cuantía de las retribuciones, se calculará un nuevo porcentaje de retención teniendo en cuenta las alteraciones producidas. Este nuevo porcentaje se aplicará, exclusivamente, a partir de la fecha en que se produzcan las respectivas variaciones.
3. Si durante el año se produjera la suspensión y posterior reanudación de la prestación por desempleo, será de aplicación el porcentaje aplicable al producirse la suspensión a las cantidades satisfechas a partir de la reanudación. Si durante el año el perceptor de la prestación por desempleo pasase a percibir el subsidio, el porcentaje de retención aplicable a este será el fijado por aquella.
4. Salvo para rendimientos obtenidos por los penados en las instituciones penitenciarias.
5. Si el contrato se prorrogara o el mismo empleador volviese a contratar al trabajador en el transcurso del año, para determinar el nuevo tipo de retención se tomarán en consideración tanto las retribuciones anteriormente satisfechas como las que normalmente vaya a percibir, siempre dentro del mismo año.
6. No hay obligación de retener cuando la cuantía del premio sea inferior a 100.000 pesetas ni por los que se entreguen como consecuencia de juegos organizados al amparo del R.D.L. 16/1977, de 25 de febrero.

Retribuciones o premios en especie: determinación del ingreso a cuenta

Si se satisfacen rendimientos o premios en especie, el pagador deberá efectuar sobre ellos un ingreso a cuenta del impuesto.

Tratándose de rendimientos del trabajo personal satisfechos en especie, la cuantía del ingreso a cuenta se determinará aplicando a su valor, determinado conforme a las reglas del apartado 1 del artículo 27 de la Ley del Impuesto, el porcentaje que corresponda a las retribuciones dinerarias del trabajo personal satisfechas al perceptor, salvo que fuese inferior al 15 % (7,5 % en el caso de rendimientos obtenidos en Ceuta y Melilla), en cuyo caso, se aplicará este último.

Tratándose de rendimientos del capital mobiliario y de premios satisfechos en especie, la cuantía del ingreso a cuenta se determinará aplicando a su valor, determinado conforme a las reglas del apartado 1 del artículo 27 de la Ley del Impuesto, el porcentaje del 15 %. Cuando se trate de rendimientos en especie satisfechos a las personas de la letra *k*) del apartado anterior, el porcentaje será del 8 %.

No hay obligación de efectuar ingreso a cuenta sobre las retribuciones en especie de trabajo si su importe anual es inferior a 50.000 ptas. ni sobre los premios en especie cuando su valor de adquisición o coste para el pagador no supere las 100.000 ptas. Tampoco la hay sobre las cantidades satisfechas por empresarios a Planes de Pensiones como promotores o a sistemas de previsión social alternativos a estos.

Tablas de porcentajes de retención

Tabla general

Importe rendimiento anual — pesetas	Número de hijos y otros descendientes											
	0	1	2	3	4	5	6	7	8	9	10	11 o más
Hasta 1.071.300..........	0	0	0	0	0	0	0	0	0	0	0	0
Más de 1.071.300..........	2	0	0	0	0	0	0	0	0	0	0	0
Más de 1.178.430..........	3	1	1	0	0	0	0	0	0	0	0	0
Más de 1.285.560..........	6	4	3	1	0	0	0	0	0	0	0	0
Más de 1.392.690..........	7	6	4	3	1	1	1	0	0	0	0	0
Más de 1.499.820..........	8	7	5	3	3	2	1	1	0	0	0	0
Más de 1.714.080..........	10	9	7	6	5	4	3	1	1	0	0	0
Más de 1.928.340..........	12	11	10	9	8	6	5	4	3	1	0	0
Más de 2.142.600..........	14	13	12	11	10	8	7	6	5	4	3	1

(continuación)

Importe rendimiento anual — pesetas	Número de hijos y otros descendientes											
	0	1	2	3	4	5	6	7	8	9	10	11 o más
Más de 2.356.860..........	15	14	13	12	11	10	8	7	7	6	5	3
Más de 2.678.250..........	17	15	15	14	13	12	11	9	9	8	7	5
Más de 2.999.640..........	18	17	16	15	14	13	13	11	10	10	9	7
Más de 3.428.160..........	19	18	17	17	16	15	14	14	13	11	10	9
Más de 3.856.680..........	20	19	19	18	17	17	16	15	15	14	12	11
Más de 4.285.200..........	21	20	20	20	19	19	18	17	16	15	12	11
Más de 4.972.980..........	23	22	22	21	20	19	18	18	17	17	16	14
Más de 5.570.760..........	25	24	24	23	23	22	21	20	19	18	17	16
Más de 6.427.800..........	26	25	25	24	24	24	23	22	22	21	20	19
Más de 7.499.100..........	28	27	27	26	25	25	25	25	24	24	23	22
Más de 8.570.400..........	31	30	30	29	28	28	28	27	26	25	24	23
Más de 9.641.700..........	33	32	32	31	31	30	30	29	28	27	26	25
Más de 10.713.000..........	35	34	34	34	33	33	32	32	32	32	32	31
Más de 12.855.600..........	38	37	37	37	37	36	36	36	35	35	35	34
Más de 14.998.200..........	41	40	40	40	40	39	38	38	37	37	37	36
Más de 17.140.800..........	44	42	42	42	42	41	40	40	39	39	39	38
Más de 19.283.400..........	46	45	45	45	44	44	44	44	43	43	43	43
Más de 21.426.000..........	47	46	46	46	46	46	46	45	45	45	45	45

Tabla de prestaciones desempleo

Importe Prestación anual	Porcentaje
Hasta 1.178.430	0
Más de 1.178.430	1
Más de 1.285.560	4
Más de 1.392.690	6
Más de 1.499.829	7
Más de 1.714.080	9
Más de 1.928.340	11

El número de hijos y otros descendientes a tener en cuenta para la aplicación de la tabla general de retenciones será, para cada contribuyente, el de aquellos que den derecho a deducción en el Impuesto sobre la Renta de las Personas Físicas de acuerdo con lo dispuesto en la letra *a*) del apartado 1 del artículo 78 de la Ley del Impuesto sobre la Renta de las Personas Físicas.

A estos efectos, la situación familiar, que el receptor deberá acreditar ante el pagador para el cálculo del porcentaje de retención, será siempre la existente el 1 de enero o, en su defecto, la del día de inicio de la relación laboral cuando esta hubiera comenzado con posterioridad a dicha fecha. Cuando la situación personal incida en la determinación del porcentaje de retención, el pagador deberá conservar los justificantes aportados acreditativos de dicha situación.

Los contribuyentes podrán solicitar de sus pagadores la aplicación de tipos de retención superiores a los que les correspondan, con arreglo a las siguientes normas:

— la solicitud se realizará por escrito ante los pagadores, quienes vendrán obligados a atender las solicitudes que se les formulen con antelación suficiente a la confección de las nóminas correspondientes;
— el nuevo tipo de retención solicitado no podrá ser modificado en el periodo de tiempo que medie entre su solicitud y el final del año y será de aplicación al contribuyente durante los ejercicios sucesivos, en tanto no renuncie por escrito al citado porcentaje o no solicite un tipo de retención superior y siempre que no se produzca alguna variación de circunstancias que determine un tipo superior, según las tablas de retención. A las retribuciones en especie no les será de aplicación, a efectos del ingreso a cuenta, el tipo de retención superior solicitado por el contribuyente.

El pagador, para determinar el porcentaje aplicable, únicamente tomará en consideración los rendimientos por él satisfechos o que vaya a satisfacer.

Pensionistas o perceptores de haberes pasivos

A las pensiones y haberes pasivos les serán de aplicación los porcentajes de retención correspondientes a la columna de la tabla general para contribuyentes con un hijo.

A los exclusivos efectos de determinar el porcentaje de retención aplicable, procederá la elevación al año de las cantidades que como tales pensionistas o titulares de haberes pasivos perciban quienes adquieran tal condición durante el ejercicio.

No obstante, el contribuyente podrá optar por la aplicación de la tabla general de retenciones, atendiendo a la realidad de sus circunstancias personales, sin que en este caso proceda la elevación al año. La citada opción deberá realizarse por escrito, ante el pagador o entidad gestora correspondiente, en el mes de diciembre de cada año o en el inmediato anterior a aquel en que se adquiera la condición de pensionista o titular del haber pasivo. Para el año 1996, dicha opción deberá efectuarse en el mes de enero por quienes a 1 de enero ostenten la condición de pensionista o la adquieran durante dicho mes.

Estos contribuyentes también podrán solicitar por escrito, ante su habilitado pagador, tipos de retención superiores a los que les correspondan.

Comunidades de propietarios

A partir del 1 de enero de 1992, las comunidades de propietarios están obligadas a retener o ingresar a cuenta, cuando satisfagan rendimientos del trabajo, del capital mobiliario, de actividades profesionales (incluidas las artísticas y deportivas en el ejercicio libre de la profesión) o entreguen premios como consecuencia de la participación en juegos, concursos, rifas o combinaciones aleatorias, en las condiciones señaladas en los puntos anteriores.

Rendimientos obtenidos en Ceuta y Melilla

Los porcentajes de retención y/o ingreso a cuenta aplicables, según las reglas anteriores, sobre los rendimientos del trabajo se dividirán por dos cuando los rendimientos sean obtenidos en Ceuta y Melilla o sus dependencias por residentes en dichos territorios.

Periodos y plazos de la declaración

Para las empresas, profesionales, artistas en régimen de estimación directa, se realizará declaración trimestral dentro del mes siguiente a cada trimestre natural, más concretamente, dentro de los 20 primeros días naturales de los mese de abril, julio, octubre y enero. Para los que estén sujetos al régimen de estimación objetiva, declaración trimestral, dentro del mes siguiente a cada trimestre natural (al igual que los de estimación directa).

Es obligación a final de año extender una declaración anual a modo de resumen.

Retención directa del Estado

La retención e ingreso correspondiente, cuando la entidad pagadora del rendimiento sea la Administración del Estado, se efectuará en forma directa.

Concretamente la Orden del 23.1.79 regula las obligaciones formales de la Administración del Estado y de sus órganos autónomos en orden a la retención directa e indirecta del I.R.P.F.

Ingreso de la retención

Las reglas a seguir en el ingreso de la retención son las siguientes:

a) Las cantidades efectivamente satisfechas por los sujetos pasivos obligados a retener se entenderán percibidas, en todo caso, con deducción del importe de la retención que corresponda.
b) Los sujetos obligados a retener asumirán la obligación de efectuar el correspondiente ingreso en el Tesoro del importe de la reten-

ción que hubieren debido practicar en los plazos legalmente establecidos.

El incumplimiento de esta obligación constituye infracción tributaria.

c) Los sujetos pasivos no serán responsables por la falta de ingreso de las retenciones efectuadas por las personas o entidades obligadas a ello.

d) La presunción a que se refiere el apartado anterior no se aplicará cuando se trate de rendimientos de las actividades profesionales cuyos ingresos se determinen conforme a tarifas, aranceles o derechos de obligado cumplimiento y aprobados por las disposiciones legales.

Obligaciones tributarias del retenedor

El sujeto obligado a retener deberá presentar en los primeros 20 días naturales de los meses de abril, julio, octubre y enero ante la Delegación de Hacienda correspondiente al domicilio fiscal del retenedor, cualquiera que sea el domicilio del perceptor, declaración de las cantidades retenidas en el trimestre anual inmediato anterior, e ingresar su importe en el Tesoro. Es obligatorio adherir la etiqueta de identificación a los modelos correspondientes.

Los obligados a retener presentarán declaración negativa cuando no se hubiesen producido retenciones en un trimestre o en un semestre, según los supuestos.

Asimismo, las personas físicas o jurídicas obligadas a retener el I.R.P.F. por los rendimientos del trabajo personal satisfechos deberán presentar en el plazo de la última declaración de retenciones de cada año, un resumen anual de las mismas.

En el resumen referido, además de los datos de identificación del retenedor, se hará constar una relación nominativa de los perceptores, con indicación de las cantidades íntegras y retenciones a ellos imputables.

En el caso de que la relación se presente por soporte directamente legible por ordenador, el plazo para la presentación de dicha relación será el comprendido entre el 1 de enero y el 20 de febrero del año siguiente al que se realizaron las retenciones.

Las personas y entidades obligadas a efectuar retenciones o ingresos a cuenta sobre toda clase de rentas de capital mobiliario presentarán relación de los perceptores, ajustada al modelo oficial, comprensiva de los siguientes datos: nombre y apellidos, razón social del perceptor, domicilio fiscal, DNI o código de identificación, retención practicada y, en su caso, rendimiento obtenido con la indicación de los conceptos gravados. Estas obligaciones de información no serán necesarias en los títulos y operaciones realizadas conforme a la Orden Ministerial de 30 de mayo de 1985.

A la misma obligación reseñada en los párrafos anteriores, están sujetas todas las personas físicas o entidades domiciliadas, residentes o representantes en España, que paguen por cuenta ajena rendimientos procedentes del capital mobiliario o sean depositarios o gestores de cobro de los rendimientos de títulos valores.

RESUMEN

Las retenciones se realizan cuando se producen rendimientos del trabajo, del capital mobiliario, o de actividades profesionales o artísticas.

Están obligadas a retener las personas jurídicas, las personas físicas no residentes pero que operen en establecimiento permanente, y los titulares de explotaciones económicas y actividades profesionales y artísticas.

En cuanto a las personas que obtengan rendimientos de trabajo, deben soportar una retención mensual en sus retribuciones, en función de su cuantía y de las circunstancias familiares del sujeto pasivo.

Los rendimientos de capital mobiliario tienen un tipo de retención fija.

En los otros casos la ley determina en cada supuesto el porcentaje a retener.

CAPÍTULO X

FRACCIONAMIENTO DE PAGO

■

El fraccionamiento de pago es un verdadero pago a cuenta del impuesto, que se liquidará cuando proceda (mes de junio).

El pago a cuenta se realizará trimestralmente, en la forma prevista legalmente, que a continuación pasamos a exponer.

Obligados al pago fraccionado

Los sujetos pasivos del impuesto sobre la renta que ejerzan actividades empresariales, profesionales o artísticas, están obligados a ingresar en el Tesoro la cantidad que resulte de acuerdo con lo establecido en los siguientes apartados.

Estos pagos fraccionados se referirán tanto al sistema de estimación directa como al sistema de estimación objetiva singular.

Los sujetos pasivos deben presentar las declaraciones ante la Delegación de Hacienda o, en su caso, Administración de Hacienda, en cuya demarcación territorial tenga su domicilio fiscal.

Periodos y plazo del fraccionamiento del pago

Los sujetos pasivos a que se refiere el apartado anterior están obligados a ingresar trimestralmente en el Tesoro Público el importe de las cantidades que se determinan en el apartado siguiente, comprendidos entre los días 1 y 20 de los meses de abril, julio, octubre y enero.

En los casos en que no resulte cantidad a ingresar, los sujetos pasivos, presentarán declaración negativa.

En el caso de comunidades de bienes o demás entes sin personalidad jurídica o sociedades civiles, cada socio comunero presentará los pagos fraccionados, con la etiqueta correspondiente, haciendo constar el importe total de las operaciones, el porcentaje de participación y el pago fraccionado que le corresponda realizar.

Importe del fraccionamiento

Los sujetos pasivos obligados al pago fraccionado deben ingresar, en cada plazo, las siguientes cantidades:

a) Si se trata de actividades sometidas al régimen de estimación directa, o la objetiva por coeficientes, el 20 % de la diferencia entre los ingresos computables y los gastos deducibles.

Redacción dada por el artículo sexto del Real Decreto 2.414/1994, de 16 de diciembre (B.O.E. de 20 de diciembre).

b) En el caso de actividades sometidas al régimen de estimación objetiva por signos, índices o módulos, el 5 % de los rendimientos netos resultantes de la aplicación de dicho método, en función de los datos-base del primer día del año, o del día en que hubiesen empezado las actividades. Si tales datos-base no se pueden determinar el primer día del año, se tomarán los correspondientes al año anterior. En su defecto, el pago fraccionado consistirá en el 2 % del volumen de ventas o ingresos del trimestre.

De la cantidad resultante de la aplicación de tales porcentajes, se han de deducir, en su caso, las retenciones practicadas y los ingresos a cuenta efectuados, correspondientes a ese trimestre, según se ha explicado en el capítulo anterior.

Los sujetos pasivos pueden aplicar porcentajes superiores a los indicados en cada uno de los pagos fraccionados.

Obligaciones contables y registrales

Los sujetos pasivos que desarrollen actividades empresariales cuyo rendimiento se determine en régimen de estimación directa, están obligados a llevar su contabilidad ajustada a lo dispuesto en el código de Comercio, así como los registros establecidos o que se establezcan a efectos del Impuesto sobre Sociedades.

Cuando la actividad empresarial realizada no tenga carácter mercantil según el código de Comercio, las obligaciones contables se limitarán a llevar los siguientes libros registros:

— de ventas e ingresos;
— de compras y gastos;
— de bienes de inversión.

En cuanto a los sujetos pasivos que ejerzan actividades profesionales a estimación directa deben llevar los siguientes libros de registros:

— de ingresos;
— de pagos;
— de bienes de inversión;
— de provisiones de fondos y suplidos.

Estas mismas obligaciones corresponden a los sujetos pasivos que desarrollen actividades empresariales y profesionales cuyos rendimientos netos deban determinarse por estimación objetiva por coeficientes.

Por lo que respecta a quienes desarrollen actividades sometidas a estimación objetiva por signos, índices o módulos, deben conservar, numeradas y ordenadas por fechas las facturas y justificantes recibidos de otro tipo. También deben conservar los justificantes de los signos, índices o módulos que les sean aplicables.

Las entidades sometidas a régimen de transparencia fiscal, deben llevar libros en los que consten los rendimientos de sus socios, herederos, comuneros o partícipes.

De todos estos libros, los que no estén diligenciados según las normas del código de Comercio, deberán serlo por los órganos competentes de la Administración de Hacienda.

Autoliquidación del impuesto

Los sujetos pasivos del impuesto sobre la renta de las personas físicas, vienen obligadas al tiempo de presentar su declaración, a practicar una liquidación a cuenta y a ingresar su importe en el Tesoro.

No obstante, tal como se ha comentado en capítulos anteriores, los contribuyentes que lo deseen pueden distribuir el pago de la cuota en dos partes.

La primera del 60 % de su importe en el momento de presentar la declaración (mayo-junio).

La segunda, el 40 % restante hasta el día 5 del mes de noviembre del mismo año.

Para disfrutar de este beneficio será necesario que la declaración se presente dentro del plazo reglamentario y que ambos pagos se efectúen a través de bancos o cajas de ahorro.

Liquidación provisional por la Administración

El órgano competente de la Administración territorial de la Hacienda Pública, para recibir las declaraciones por este impuesto podrá girar una declaración provisional a la vista de las declaraciones presentadas y de los datos consignados a las mismas.

Dicha declaración será reclamable en vía económica administrativa.

Liquidación complementaria por investigación

Cuando la base imponible declarada sea inferior en un 15 % al consumo estimado del sujeto pasivo o de todos los sujetos pasivos que en su caso componga la unidad familiar, más los incrementos o disminuciones del patrimonio, será perceptiva la investigación de operaciones bancarias de los sujetos pasivos, sin perjuicio de los demás medios de prueba.

Si como consecuencia de las investigaciones que entraña el supuesto del apartado anterior, la Administración determinase una base imponible superior a la declarada, girará la correspondiente liquidación complementaria cuya ejecutoriedad no se suspenderá en ningún caso, aunque tal liquidación sea recurrida.

No obstante, los índices de consumo, así como su valoración para determinar la magnitud del consumo estimado a que se refieren los apartados anteriores serán aprobados por la ley.

Forma de pago de las liquidaciones

El ingreso de las liquidaciones a cuenta y provisional de los pagos a cuenta o fraccionados podrán hacerse efectivos por cualquiera de los medios, a través de las entidades autorizadas por la normativa vigente.

Obligaciones de los representantes

Cuando el sujeto pasivo esté obligado a nombrar un representante en España, dicho representante está obligado a efectuar el ingreso del impuesto y a cumplir las demás obligaciones tributarias que fueran exigibles a su representado, sin incurrir en responsabilidad personal respecto a la deuda tributaria, salvo que hubiese mediado provisión de fondos. El artículo 22 de la Ley del I.R.P.F. se refiere a los representantes de los no residentes en los siguientes términos:

1. Los sujetos pasivos no residentes en territorio español vendrán obligados a nombrar una persona física o jurídica con domicilio en España, para que les represente ante la Administración tributaria en relación con sus obligaciones por este impuesto.

   El sujeto pasivo o su representante estarán obligados a poner en conocimiento de la Administración el nombramiento, debidamente acreditado, en el plazo de dos meses a partir de la fecha del mismo.
2. A efectos de este impuesto, se considerarán representantes de los establecimientos permanentes quienes figuren como tales en el Registro Mercantil o, en su defecto, quienes figuren facultados para contratar en nombre de los mismos.

Cuando estas personas no estuviesen domiciliadas en territorio español, será aplicable lo dispuesto en el apartado anterior (es decir, deberán nombrar un representante que sí lo esté).

3. El incumplimiento de las obligaciones a que se refiere el apartado 1 constituirá una infracción tributaria simple, sancionable con multa de 25.000 a 2.000.000 de pesetas.

El impuesto actual sobre el patrimonio

El Impuesto sobre el Patrimonio, también ha sido objeto de una nueva regulación por la Ley de 6 de junio de 1991, desde un criterio estrictamente individual, que excluye cualquier alternativa de tributación familiar conjunta.

Es por ello que las unidades familiares que deban declarar por dicho impuesto deben hacerlo de forma separada, es decir por cada uno de los sujetos pasivos que componen la unidad familiar.

En cuanto a la titularidad de los bienes sujetos a tributación estará a lo anteriormente referido al hablar de la declaración individual en el Impuesto sobre la Renta.

Se trata de un impuesto directo, de carácter personal que grava el patrimonio neto de las personas físicas, es decir, el conjunto de bienes y derechos de contenido económico del que sean titulares, deduciendo las cargas y gravámenes que disminuyan su valor, así como las deudas y obligaciones personales de las que deba responder.

Normativa aplicable

Están obligados a presentar declaración por este impuesto, todos los sujetos pasivos que lo sean por obligación real, sea cual sea el valor de su patrimonio. En cuanto a los sujetos pasivos por obligación personal, el mínimo exento es de 17.000.000 de ptas., por debajo del cual no existe obligación de contribuir, ni tampoco de declararlo.

La base imponible se obtiene deduciendo del valor de los bienes y derechos el de cargas, gravámenes y obligaciones personales del sujeto pasivo, según los criterios de valoración dictados por la ley.

Los sujetos pasivos por obligación personal (no real), deben reducir de esa base imponible la suma de 17.000.000 de ptas. con los que obtendrán la base liquidable. A esta hay que aplicarle los tipos de gravamen de la escala siguiente, para obtener la cuota íntegra.

Dicha cuota íntegra, junto con la que corresponda al I.R.P.F., no puede exceder del 70 % de la base imponible de esta para los sujetos sometidos por obligación personal.

Base liquidable hasta — Pesetas	Cuota íntegra — Pesetas	Resto base liquidable hasta — Pesetas	Tipo aplicable — Porcentaje
0	0	26.780.000	0,20
26.780.000	53.560	26.780.000	0,30
53.560.000	133.900	53.650.000	0,50
107.120.000	401.700	107.120.000	0,90
214.240.000	1.365.780	214.240.000	1,30
428.480.000	4.150.900	428.480.000	1,70
856.960.000	11.435.060	856.960.000	2,10
1.713.920.000	29.431.220	en adelante	2,50

De la cuota íntegra pueden deducirse las cantidades pagadas en el extranjero como impuestos sobre los bienes que integran el patrimonio. Y, si existen bienes situados en, o derechos que deban ejercitarse en Ceuta o Melilla, deben deducirse el 50 % de la parte de la cuota que les corresponda.

Practicadas, cuando procedan, tales deducciones, habremos obtenido la cuota líquida.

Plazo de presentación de la declaración

La presentación de la declaración de renta correspondiente al año 1996 se efectuará entre el 1 de mayo y el 20 de junio de 1997.

Asimismo las declaraciones con derecho a devolución se presentarán hasta el 30 de junio.

El plazo para la presentación del impuesto sobre el patrimonio, será el mismo que para el del impuesto sobre la renta.

RESUMEN

Los pagos fraccionados son ingresos a cuenta del impuesto sobre la renta.

Están obligados al pago fraccionado aquellas personas físicas que ejerzan actividades empresariales, profesionales o artísticas.

El plazo de ingreso de los pagos fraccionados entre los días 1 y 20 de los meses de abril, julio, octubre y enero.

El importe del pago fraccionado es un porcentaje que se aplica sobre la diferencia entre los ingresos y gastos producidos trimestralmente.

La liquidación del Impuesto sobre la Renta se puede practicar de forma única o en dos plazos, correspondiendo a un 60 % del importe al primer periodo y un 40 % al restante.

Los sujetos pasivos por obligación personal que tengan un patrimonio neto superior a los 17.000.000 de ptas. deben declararlo a efectos del Impuesto sobre el Patrimonio en las mismas fechas en que presenten su declaración de la renta.

Made in the USA
Monee, IL
19 October 2026

66039181R00105